FRITZ BRUSTAT-NAVAL

WINDJAMMER
auf großer Fahrt

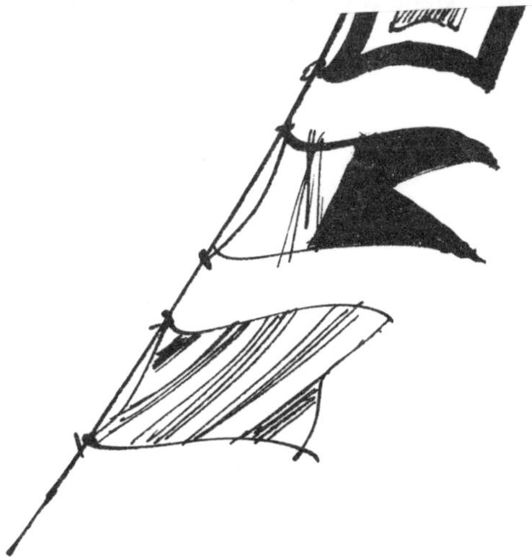

In diesem Buch wird die Welt der großen Segelschiffe so geschildert, wie sie wirklich war. Der bekannte Kapitän und Autor, der selbst noch vor dem Mast Kap Hoorn umsegelt hat, verfügt über eine glänzende Sachkenntnis und räumt mit allerlei Märchen und laienhaften Vorstellungen von der christlichen Seefahrt gründlich auf. Um so interessanter weiß er zu erzählen von der Romantik und der Härte des Seemannslebens seit Magellan bis in unsere Tage. Eingangs läßt er den Leser die letzte große Parade der Windjammer miterleben, die „Operation Sail“ im Rahmen der Olympiade 1972, bei der er selbst auf dem Flaggschiff des Bundespräsidenten als Kommentator eingesetzt war. Dann greift er zurück in die Geschichte und stellt die Entwicklung der Segelschiffe von den Karavellen der großen Entdecker bis heute dar. Eine Fülle von Abbildungen, großenteils dokumentarische Fotos, ergänzt das einzigartige Buch und macht es zu einer höchst anregenden und fesselnden Lektüre.

FRITZ BRUSTAT-NAVAL

WINDJAMMER

auf großer Fahrt

Die Welt der Segelschiffe
wie sie wirklich war

W. FISCHER-VERLAG · GÖTTINGEN

Mit Zeichnungen von Kurt Schmischke

Das Titelfoto zeigt das dänische Vollschiff „Danmark"
bei der Windjammer-Parade 1972

1. Auflage 1973: 10 000

ISBN 3 439 00955 6

Gesamtherstellung: Fischer-Druck, Göttingen

Siehst du die Brigg dort auf den Wellen?

Acht Meilen außerhalb des Kieler Leuchtturms. Leichte Winde aus einem wolkenlosen Himmel kräuselten die Oberfläche der Ostsee. Über dem Wasser lagen der Sonnenschein und jene spätsommerliche Wärme, in der sich die Ferne zu verschleiern beginnt. Es war etwa zwölf Uhr mittags, am 3. September, dem siebenten Tag der Olympischen Spiele 1972. „Wann sollen wir sie in Sicht bekommen?" fragte jemand auf der Kommandobrücke, Spannung lag in der Stimme. „Es muß jeden Augenblick soweit sein", antwortete ein anderer und griff zum Kieker. Dann setzte er hastig hinzu: „Ich glaube, da sind sie schon!"

Plötzlich erschienen im bläulichen Dunst des Horizonts helle Farbtupfen. Anfangs wie hingehaucht, bald darauf, im Näherkommen, an Form und Umfang gewinnend. Dreiecke, Rhomben und Rhomboide, Trapeze und Trapezoide, wie ein Bild von Lyonel Feininger. Was da vor uns in einer Vielzahl von geometrischen Figuren sichtbar wurde, waren Segel, nur Segel. Immer mehr, immer stärker sich ausbreitend — Segel! So weit das Auge reichte, sah es nur Segel: die neugierig erwarteten

Windjammer waren da! Operation Sail war im Anmarsch zum Treffen der Segelschulschiffe.

Wir fuhren ihnen entgegen. Als ich mich einmal umdrehte, erblickte ich im Kielwasser unseres Flaggschiffes „Stadt Heiligenhafen" den langen Konvoi der uns folgenden Fahrgastschiffe, randvoll mit Schaulustigen gefüllt. Unmittelbar hinter uns das Forschungsschiff „Komet", dann die großen Motorschiffe der norwegischen, schwedischen und dänischen Fährlinie, die „Butterdampfer" für Hochseefahrten bis hinunter zur „Tom Kyle" und „Alten Liebe" und den Ausflugsfahrzeugen. Insgesamt neun größere und Dutzende und Aberdutzende kleinerer Schiffe und Boote, Yachten und Barkassen, die acht Meilen auf hoher See durchs Wasser pflügten. Eine schwimmende Tribüne für rund fünfzehntausend, die gekommen waren, um eine Parade von 65 Segelschiffen zu erleben.

Aus dem Lautsprecher drangen die Gesprächsfetzen des Sprechfunks, es kreuzten sich Fragen und Antworten. Man hörte die Anweisungen des Konvoiführers hinter uns auf der „Prinzesse Ragnhild", der niemand aus der Reihe tanzen ließ und jeden an seinen Platz verwies, um diesem scheinbaren Durcheinander einigermaßen Klarheit und Ordnung zu geben.

Voll gelassener Routine die Leitung der „Stadt Heiligenhafen", in jeder Beziehung das Spitzenschiff, nach dem sich alles zu richten hatte, mit dem Herrn Bundespräsidenten und viel Prominenz an Bord: bekannte Politiker, hohe Ministerialbeamte, Uniformträger, viele goldene „Kolbenringe" der Marine, weiße Mützen, blaue Mützen, junge Hostessen, die sich um alles bemühten. Wir — das heißt die „Stadt Heiligenhafen", deren Boden vorher Taucher abgesucht hatten und in deren Nähe sich ständig ein Seenotkreuzer aufhielt —, wir hatten allen anderen gegenüber den Vortritt.

Aber nun kam die Armada der Segelschiffe — und das war ein Anblick! Die breite Masse des „Fußvolks", aus der die Masten der „Tall Ships" wie himmelhohe Leinwandtürme herausragten. Lautlos im Hauch der Winde strichen sie zur

Rechten vorbei, voll Grazie und Charme, fast zierlich tänzelnd die Kleinen, mit majestätischer Würde die großen Tiefwassersegler, angeführt von dem polnischen Vollschiff „Dar Pomorza". Ihm folgten die Barken „Gorch Fock" der Bundesmarine und ihr Schwesterschiff „Eagle" der US Küstenwache. Hinter ihnen das Segelschulschiff „Gloria", eine Bark aus dem fernen Kolumbien, das neueste Schiff in dieser Reihe, deren Ende zwei hübsche Vollschiffe bildeten, die dänische „Danmark" und die norwegische „Christian Radich".

Ihre Segel erschienen im Gegenlicht fast transparent, so daß man jede Naht und jede Leine erkannte. Mit ihren dekorativen, übergroßen Nationalflaggen, mit der Staffage ihrer an der Reling in Paradehaltung aufgereihten Besatzungen boten sie ein prachtvolles Bild; sie alle grüßten die Standarte des bundesdeutschen Staatsoberhauptes, die über der „Stadt Heiligenhafen" im Fahrtwind flatterte.

Bundespräsident Dr. Heinemann stand am Ende der Brücke. Der Anblick des schier unendlichen Feldes von Segeln und Schiffen, der Hunderte von Begleitfahrzeugen, die nun so dicht aufeinandergerückt waren, daß sie sich für das unkundige Auge vermischten, der von vielen Bugwellen aufgewühlten See acht Meilen außerhalb vom Leuchtturm Kiel ließ ihn in die Worte ausbrechen: „So etwas Schönes habe ich noch nicht gesehen!"

Filmkameras schnurrten, Verschlüsse klickten, die verzückten Ausrufe der Prominenz wurden übertönt vom Klappern der Hubschrauber und von einem Zeppelin, während ich selbst als bestellter Kommentator vor dem Mikrophon blitzschnell nach Worten und Vergleichen suchte. Es war schon was.

In überwältigender und kaum zu verfolgender Menge neben den Tall Ships die kleineren Mitläufer, wie ihre großen Schwestern meist in strahlendem Weiß. Da wiegte sich der panamesische Gaffelschoner „Te Vega" im Wind, ein Zweimaster gerade wie aus Jack Londons „Südseegeschichten". Da kamen die schmalen schwarzen Dreimastschoner „Malcolm

Miller" und „Sir Winston Churchill", dessen Mädchenmannschaft die Zubringerregatta von der Isle of Wight nach Skagen gewonnen hatte; die Schoner der schwedischen Marine, „Falken" und „Gladan"; mit leuchtenden Trikoloren die hölzernen Zweimast-Rahschoner „La Belle Poule" (Die schöne Paula) und „L'Etoile" (Der Stern), Nachbildungen der alten Islandfischer, wie sie Pierre Loti beschrieb. Da zog eine waschechte Brigg „Royalist" vorüber, die aufgemalten Geschützpforten eines angedeuteten Batteriedecks an den Bordwänden; echte Brigantinen erschienen, so die „Duenna" eines Verlegers und die „Falado von Rhodos", die mit einer Mannschaft im Durchschnittsalter von fünfzehn Jahren den weiten Umweg von zwölftausend Seemeilen gemacht hatte, und die „Black Pearl" (Schwarze Perle), die an Piraten und Schatzinseln denken ließ.

Da segelten sie, vierzig, dreißig, achtzehn, zwölf und dreizehn Meter klein, wie etwa die deutsche „Peter von Danzig" oder die polnische „Kosarz", die schon auf der Olympiade 1936 die Zubringerregatta Zoppot—Kiel gewonnen hatte. Die polnische Yacht „Swantewid", ein Name, der schon in unserm Pommern zu Hause war, und die nur 8,45 Meter lange „Pirat". Ungleich groß, mit Altersunterschieden, unterschiedlich getakelt und doch in einem übereinstimmend: bemannt von jungen Menschen, zur Hälfte zwischen 15 und 25 Jahren, die entweder für die Marine oder für die Handelsschiffahrt ausgebildet wurden oder die das Erlebnis der See und des Segelns suchten. So wie es die britische Sail Training Association verlangte, die seit 1956 alle zwei Jahre ein internationales Treffen von Segelschulschiffen organisiert. Diesmal waren sie nach Kiel gekommen, um den Olympischen Segelwettbewerben die Krone aufzusetzen. Es dauerte etwa eine Stunde, bis wir die Armada passiert hatten.

Unser Flaggschiff „Stadt Heiligenhafen" zog an der Windseite vorbei, machte — gefolgt vom Konvoi der Begleitfahrzeuge — am Ende des Feldes einen Bogen und lief an der anderen Seite, alles überholend, von hinten wieder auf. Diesmal im Windschatten der Armada, die im vollen Sonnenlicht nunmehr in umgekehrter Reihenfolge zurückfiel. Schiff für Schiff, die Allerkleinsten, die Flautenschleicher, die Schnellen und die ganz Großen, deren Segel sich mit der zunehmenden Brise dekorativ füllten. Die Barken, die Vollschiffe, die großen Damen des Ozeans.

Als wir in voller Fahrt wieder die Spitze erreichten, erging vom Konvoiführer der verabredete Funkspruch: „An alle — das Flaggschiff hat die ‚Dar Pomorza' überholt und ist auf dem Heimweg, der Konvoi löst sich auf."

Dann strebte jeder für sich der heimatlichen Förde zu, während uns die Windjammer langsamer folgten. Zur Rechten erschien als ein Außenseiter ein unerwarteter Oldtimer: der rotbraune Schatten eines dänischen Rahschoners, einem düsteren Freibeuter ähnlich, der sich anschickte, wie ein Falke in das helle Feld der Tauben und Schwäne hineinzustoßen.

Man nannte es „das größte maritime Spektakulum seit der Eröffnung des Nord-Ostsee-Kanals durch Kaiser Wilhelm II." Von den Begleitfahrzeugen brachten Seenotboote Erkrankte und Verletzte an Land. Ein Mann hatte einen Magendurchbruch erlitten, ein Kind war eine Schiffstreppe hinuntergestürzt, eine Frau hatte die Besinnung verloren und mußte von See stracks in die Klinik geschafft werden. Zwei Zuschauerboote liefen mit fünfzig Personen an Bord auf Grund. Andere, teilweise völlig überladene Motorboote blieben wegen Maschinenschadens oder Brennstoffmangels auf dem Wasser liegen und mußten abgeschleppt werden. Es gab alle Hände voll zu tun.

Die Ufer waren schwarz von Menschen. Eine wahre Völkerwanderung hatte eingesetzt, die alle Straßen verstopfte und ein stundenlanges Chaos verursachte. Nicht die erwarteten Zehntausende, vielmehr Hunderttausende waren gekommen, die Schätzungen überstiegen eine halbe Million. Vielleicht hatte sie die Vorstellung einer heilen olympischen Welt angezogen und die Ahnung, letzte Augenzeugen eines Ereignisses zu werden, das es in diesem Umfang wohl kaum wieder geben wird. Denn wie der späte Septembersommer im Begriff stand, sich zu verabschieden, so verabschiedete sich auch „Siehst du die Brigg dort auf den Wellen" als etwas, was nicht wiederkommt, samt „Rolling home" und „Denn segelt wi so langsam rund Kap Hoorn". Es ist der Abschied vom Wind für ein Zeitalter, das nach den Sternen gegriffen hat und seine Riesenschiffe mit Atomkraft über die Ozeane schicken wird.

Was aber die heile Welt betrifft, so weiß ich als Cap Hornier, der um die ganze Welt segelte, daß das, was sich uns heute unter wolkenlosem Himmel und im strahlenden Weiß der Bordwände und in fleckenlosen Uniformen präsentierte, nur eine Seite gewesen ist. Die Sonnenseite, auf Hochglanz poliert und idealisiert, ein Bild für die gute Stube. Ein Abziehbild für die Heckscheibe ihres sonntäglich geputzten Wagens, der die Hunderttausende an die Ufer der Kieler Förde trug — zum „größten maritimen Spektakulum des Jahrhunderts", wie man es schließlich bezeichnete.

Der Bundespräsident, überwältigt und verzaubert von dem traumhaft schönen Bild, das da wie eine Vision aus dem Wasser aufgestiegen war, meinte am Ende und gleichsam wie erwachend: „Das Großseglertreffen war großartig! . . . Es war beeindruckend — aber ich glaube, Segler leben in ihrer eigenen Welt, etwa wie passionierte Jäger und Bergsteiger."

Wahr genug, Freunde, man hört das schon an ihrer Sprache. Potz Bramstenge und Kielschwein, wer wagt da als Außenstehender überhaupt noch den Mund aufzumachen und sich jenen Blick zuzuziehen, der einem das Blut in den Adern gefrieren läßt. Zwar braucht man die Dinge nicht zu übertreiben, doch irritiert es den Seemann nun einmal, wenn beispielsweise immer wieder von der Dreimastbark „Gorch Fock" die Rede ist. Es gibt keine Dreimastbark, so wie es keine weißen Schimmel gibt und keinen großen Riesen. Ein Riese ist immer groß, ein Schimmel immer weiß und eine Bark hat immer drei

Dänisches Vollschiff „Georg Stage"

Masten. Joachim Ringelnatz, der auch zur See gefahren ist, beginnt eines seiner Kuttel-Daddeldu-Gedichte mit den Worten „Eine Bark lief ein in Le Haver, von Sidnee kommend, nachts elf Uhr drei . . ."

Neben der schlichten Bark kennt der Seemann aber eine Viermastbark, etwa die untergegangene „Pamir" und die „Passat", oder eine Fünfmastbark, wenn auch heute nur noch als Modell. Alle diese Segelschiffe unterscheiden sich nicht im Rumpf, wohl aber in der Takelage, dem Wichtigsten überhaupt. Zusammengenommen sind es Rahschiffe, im Englischen spricht man von einem „Squarerigger". Um es gemeinverständlich auszudrücken: Bei einem rahgetakelten Schiff „stehen die Segelbäume quer". Der letzte Mast heißt bei allen Barken Besan, er ist schonergetakelt. Grob gesprochen: bei der Schonertakelung sind die Segelbäume kürzer und stehen in der Längsrichtung. Sie enden mit einer Art Klaue oder Gabel am Mast. Aus dem altdeutschen Gabela wurde mundartlich eine Gaffel und ein Gaffelsegel. Daher nennt man diese Schiffe auch Gaffelschoner.

Schoner sind kleiner und wendiger als die großen Rahschiffe und verkehren vorwiegend in der Küstenfahrt. Mit ihren anders zugeschnittenen und gestellten Segelflächen vermögen sie auch höher an den Wind heranzugehen. Sie können eine schräg von vorn kommende Brise viel besser ausnutzen, wie es uns die vielen kleinen Yachten täglich vorführen. Mit festgemachten Segeln sehen die Schoner immer ein wenig kahl und „oben ohne" aus. An der amerikanischen Küste wurde der Schonertyp übersteigert. Auf den langen Strecken segelten riesige Schoner, die den Rahschiffen an Größe nicht nachstanden, ja diese zuweilen noch überboten.

Die Königin der Segelschiffe ist das Vollschiff. Nicht Dreimastvollschiff, wohlgemerkt! Das Vollschiff entwickelte sich aus der Fregatte und hat in der Regel drei Masten (Vor-, Groß- und Kreuzmast), ohne daß man indessen von einem Dreimastvollschiff spricht. Es gibt auch ein Viermastvollschiff und ein Fünfmastvollschiff. Im Gegensatz zur Bark mit ihrem Besan sind bei einem Vollschiff alle Masten mit Rahen versehen, also „vollgetakelt".

Einen vollgetakelten Zweimaster nennt man eine Brigg. Das war ein ehemals sehr beliebter, handlicher Segler. Er spielte sowohl in See-Räuberpistolen als auch in Gedichten eine Rolle. Beispielsweise in Fritz Reuters „Tigerjagd" („Ick führ eenmal up eene niege smucke Brigg vun Rostock noh Ostindien dal") und in Ludwig Giesebrechts Gedicht „Der Lotse" („Siehst du die Brigg dort auf den Wellen"). In der zweiten Hälfte des vorigen Jahrhunderts starb dieser Segelschiffstyp ganz aus. In der alten Kaiserlichen Marine gab es noch die in England angekaufte und unter ihrem ursprünglichen Namen als Segelschulschiff in Dienst gestellte Brigg „Rover".

Vollschiff „Dar Pomorza", Polen
Schulschiff, gebaut als „Prinzeß Eitel Friedrich"

Die Schonerbrigg ist halb und halb getakelt, wie schon ihr Name vermuten läßt, im Vortopp mit Rahen und im Großtopp mit Schonersegeln. Es gab da noch Abarten, wie den Rahschoner, die Brigantine, die Barkentine oder Schonerbark. Sie im einzelnen zu beschreiben würde uns nur unnötig verwirren. Man traf diese Gattungen noch in den zwanziger Jahren im Mittelmeer, an der englischen Küste, wo sie alles mögliche beförderten, einschließlich Kohlen von Cardiff, und in der französischen Islandfischerei. Aber gegen das Jahr 1930 verschwanden sie alle so plötzlich, als hätte sie ein Sturmwind über Nacht von den Meeren gepustet.

In der Nordsee und in der Ostsee hielten sich noch verhältnismäßig lange die Zwei- und Dreimastschoner. Sie waren die Vorläufer der heutigen Küstenmotorschiffe und meist sehr gepflegt, da der Kapitän fast ausnahmslos auch Eigentümer war. Viele von ihnen waren im pommerschen Barth behei-

Schonerbrigg im Mittelmeer

matet. Ihre schwarzgeteerten Rümpfe hatten gewöhnlich ein flaches Spiegelheck, über dem ein Rettungsboot hing, und sahen wie abgeschnitten aus. Später bekamen sie Glühkopfmotoren und tuckerten mit hohlem Husten durch die Gewässer. Alle diese kleinen Segelschiffe waren aus Holz, mußten regelmäßig lenzgepumpt werden, weil ihre Nähte Wasser machten, und ließen im Alter beide Enden hängen. Die Skandinavier pflegten die Pumpe mit einer kleinen Windmühle zu koppeln, die ihnen die Arbeit abnahm.

Diese Schiffchen waren nicht nur aus Holz, sie transportierten auch viel Holz aus der oberen Ostsee. Noch in den zwanziger Jahren lagen sie zu Hauf in den finnischen und schwedischen Naturhäfen vor einer Kulisse von Felsen und Wald, während ihre Masten wie ein Scherenschnitt gegen den hellen Himmel der Mitternachtssonne standen. Dann wurden sie von den Motoren der sogenannten „modernen Holländer" verdrängt.

Meine Jugend grenzte an eine Zeit, die noch Segelschiffe kannte. Ich war fünfzehn, als wir mit einem Vollschiff von Bremerhaven aus „auf lange Reise" gingen, was in unserem Fall Kurs nach Australien bedeutete. Das Schiff lag unter dem Druck von gut dreitausend Quadratmeter Segeltuch, und seine achtundvierzig Meter hohen Masten überragten den Rotesand-Leuchtturm um ein beträchtliches. Wir erlebten viel auf dieser Reise, was man nur auf Segelschiffen erleben kann: den Wind, die See und die Gestirne von über hundert Tagen grenzenloser Einsamkeit. Mittendrin der Mensch mit seinen menschlichen Anfälligkeiten und Schwächen, den Hilfsmitteln der Zivilisation verhaftet.

Ein Mann erkrankte am Blinddarm. Er wurde in die Koje gepackt und ein Vierteljahr lang buchstäblich hingehalten. Als wir Australien erreichten, war er zum Skelett abgemagert und das kranke Organ zu einem winzigen Überbleibsel zusammengeschrumpft. Die Ärzte, die ihn operierten, hatten einen solchen

Fall noch nicht unter den Händen gehabt. Auf der Heimreise, mit tief beladenem Schiff, verloren wir zwei Kameraden. Die hohe See machte auf Deck reinen Tisch und langte sich die beiden mit einer lässigen Handbewegung über Bord. Aus —!

Ein Jahr danach ging ich mit einem kleinen Zweimastschoner auf große Fahrt. Wir liefen über Schweden mit Schnittholz nach England und von dort mit einer Ladung Kohlen, einer Menge Schnapskisten und Ausrüstungen für Perlentaucher nach Venezuela. Endziel waren die Galapagos im Stillen Ozean. Gleich in der Biskaya überfiel uns außerordentlich schweres Wetter. Aber, obwohl große Dampfer in der himmelhohen See beidrehten und sich treiben ließen, kletterte unser Kahn wie eine Möwe von einer Woge zur anderen, rollte jedoch ganz unbeschreiblich. Unglücklicherweise bekam ich eine Geschwulst am Oberschenkel. Eine verschleppte Geschichte, die nur noch operativ zu bereinigen war.

Dreimast-Gaffelschoner mit Breitfock

Der „Alte" entnahm seinem medizinischen Besteck ein Skalpell. Ich saß, fast entkleidet und an den Großmast gelehnt, auf dem Fußboden des Logis, in dem alles drunter und drüber ging. Und das Wasser troff.

Der Alte sterilisierte das Messer über einer Spirituslampe. Das Schiff holte über, die Lampe fiel um, und der Fußboden brannte bläulich. Mir war alles egal. Der Alte, mir gegenüber kauernd, pendelte im Rhythmus der See mit dem Oberkörper vor und zurück. Dann, immer im Einklang mit der Schaukelei, stieß er plötzlich vor und öffnete mit blitzschnellem Schnitt die Geschwulst. Ich brüllte wie ein junger Stier. Der brennende Schmerz, das strömende Blut, die donnernde See — eine Szene für die Götter! Dann wurde die Wunde ausgekratzt und Gaze hineingetan. Auf einmal drohte ich wie ein Taschenmesser zusammenzuklappen. Der Alte gab mir eine gewaltige Ohrfeige, die mich wieder zur Besinnung brachte. Der hatte Nerven!

Ich war ein zäher Junge, zierlich und zäh. Nach drei Tagen, eingehüllt in einen dicken Mantel trotz des warmen Sonnenscheins, saß ich am Ruder und steuerte stundenlang, als ob nichts gewesen wäre. Nach zehn Tagen war alles vernarbt.

Mit unserer Segelei hatten wir Pech. Wir suchten jedes Stück Leinwand zusammen, das sich finden ließ, riggten eine etwas groteske Takelung auf und erreichten nach einigen fünfzig Tagen die südamerikanische Küste. Die Galapagos erreichten wir nie. In Venezuela wurde der Zweimastschoner an eine amerikanische Gesellschaft verkauft. Der Alte hatte Pleite gemacht, war sonst aber gesund geblieben. Ich selbst ging auf einen norwegischen Dampfer und fuhr eine Weile zwischen den Antillen umher.

Segelschiffe —! Rückblickend sehe ich ihre Silhouetten gegen den goldenen Horizont einer Jugend stehen. Heute ist das alles vorbei, und nur vereinzelt kreuzen sie noch die sieben Meere: Außenseiter des Seeverkehrs . . .

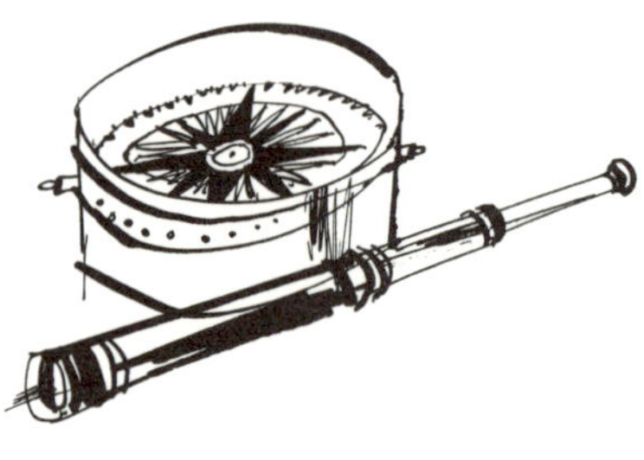

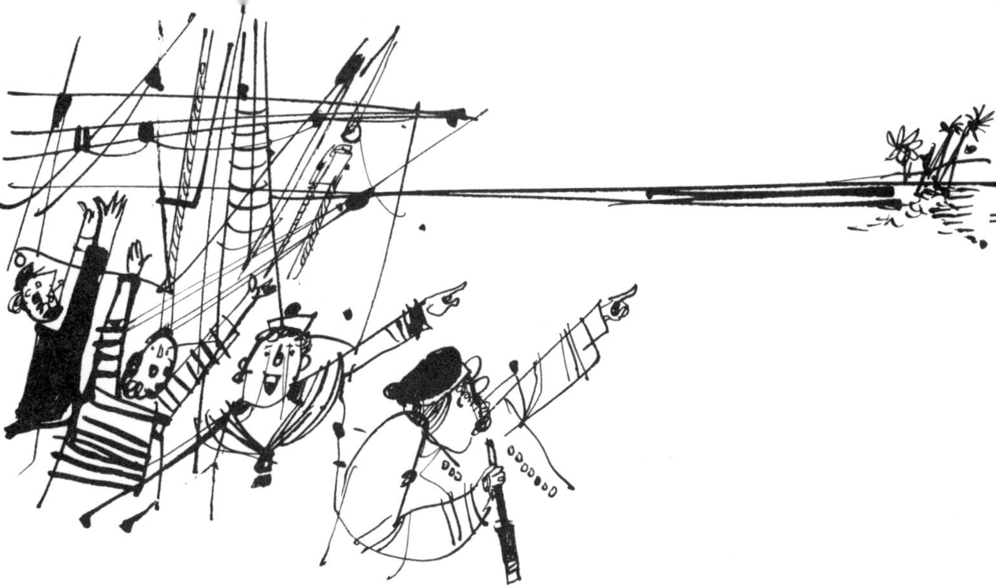

Land, Land! schrien die Matrosen

Land, Land! schrien die Matrosen und hüpften jauchzend von Mast zu Mast. Schnürt die Segel zusammen, dröhnte die Stimme des erfahrenen Kapitäns, während er durch das Teleskop die auftauchende Küste musterte. Der alte Steuermann machte mit nerviger Faust dem Schiffsjungen Beine. Hinauf mit dir in den Mastkorb und die Flagge gesetzt, der Hafen ist in Sicht! Aufgeregt bellend, flitzte der Bordhund umher, auch er witterte den fremden Kontinent. Dem dicken Koch in der Kombüse stahl sich eine Zähre der Rührung aus dem blauen Seemannsauge und tropfte zischend auf die Herdplatte: Seefahrt ist not. Tief unten im Laderaum polterte der Klabautermann.

Bald darauf fiel der Anker der schneeweißen Dreimastbark „Anna-Sophie" in der zauberhaften Bucht von Porto Santo, umgeben von üppigster tropischer Vegetation. Und noch am gleichen Abend sah man die gesamte Besatzung in der Schenke „Zum Tintenfisch", wo sie sich dem fröhlichen Treiben

Vollschiff „Susanna"
von Hamburg
99 Tage vor Kap Hoorn

hingab, vom kleinsten und gemeinsten Mann bis rauf zum Kapitän. Jaja, der böse Bugsprit. Heute nacht blieben alle Hängematten an Bord leer. Lustig war das Seemannsleben ...

Also, Freunde, nun mal langsam. Wenn ihr jemals so etwas lest, dann nehmt es und werft es am besten gleich in den Müllschlucker; denn es ist falsch von A bis Z, und der Verfasser weiß nicht, wovon er spricht. Wenn nämlich solch ein Segelschiff nach langer Reise Land sichtete, dann war häufig nicht mehr viel zum Jauchzen da. Die Bordwand war kaum noch weiß, sondern vom Rost und vom Salz des Meeres wie mit Schimmel überzogen. Noch heute erzählt man sich von der Reise des Hamburger Vollschiffes „Susanna" von Port Talbot in England nach Caleta Bueno in Chile im Jahre 1905. Allein bei Kap Hoorn mußte es 99 Tage gegen den wütenden Weststurm ankämpfen, der das Schiff immer wieder zurückwarf. Mehr als drei Monate, es muß fürchterlich gewesen sein. Ein Flugzeug macht den Trip nach Chile heute in etwa achtzehn Stunden. Das Vollschiff „Susanna" brauchte dazu mehr als ein halbes Jahr — nämlich 189 Tage. Man kann sich vorstellen, wie Schiff und Besatzung ausgesehen haben ...

Doch selbst unter solchen Umständen war es noch nichts mit alle Mann im „Tintenfisch". Denn an der südamerikanischen Westküste blieben die Schiffe vor Anker liegen, und wenn die Mannschaft überhaupt an Land kam, dann aus Sicherheitsgründen nur abwechselnd und vielleicht am Sonnabendabend. In ihrer Freude, wieder unter Menschen zu sein, schlugen sie dann nur zu leicht über die Stränge und landeten prompt im „Kallebus“ der örtlichen Polizei, die daraus ein Geschäft machte. Das war im Hafen.

Auf See gingen sie zwei Wachen. Mit anderen Worten: den einen Tag arbeiteten sie zehn Stunden, den nächsten dafür vierzehn Stunden — und wenn bei schwerem Wetter beide Wachen mit dem Segelbergen zu tun hatten, arbeiteten alle zusammen auch mal vierundzwanzig Stunden. Es lag in der Natur der Dinge, daß von Sonn- und Feiertagen keine Rede sein konnte.

Verstanden sie sich nicht mit ihren Vorgesetzten, so war das ihr Pech; denn es gab keinen Schlichter, an den sie sich hätten wenden können. Und im übrigen waren ihre Vorgesetzten nicht viel besser dran als ihre Leute, auch das wollen wir einmal festhalten. Es kam vor, daß bei einem derart harten Leben, das uns heute in Einzelfällen barbarisch erscheint, manche Leute im ersten besten ausländischen Hafen davonliefen und alles zurückließen: ihre Papiere, ihr bißchen Hab und Gut und ihre bis dahin verdiente Heuer, die meist dem Schiff verfiel. Sie desertierten, was man volkstümlich „auspicken“ nannte und womit man sich nach einer Seemannsordnung von 1872/1902 strafbar machte. Manchmal folgten sie auch den glatten Worten eines Abwerbers, immer in der schwachen Hoffnung, vielleicht doch ein besseres Schiff einzuhandeln. Etwa einen Amerikaner, von denen man sich Wunderdinge erzählte. Bis sie mit einem Brummschädel aufwachten und merkten, daß sie nur vom Regen in die Traufe gekommen waren.

Musterten die Seeleute nach Rückkehr von langer Reise ab, so nahmen sie in der Regel Quartier in einem Gast- und Logierhaus, dessen Wirt zugleich Stellenvermittler war. Es hört sich nicht schön an, aber geben wir es getrost zu, daß sie diesem praktisch auf Gedeih und Verderb ausgeliefert waren und er sie selten eher aus den Fängen ließ, bis er dem Seemann den letzten Groschen aus der Tasche gezogen hatte. Vielleicht kassierte er auch noch den Vorschuß als Vermittlungsgebühr ein. Das war ein durchaus üblicher Menschenhandel.

Man wird es nicht für möglich halten: erst das international vereinbarte „Genueser Abkommen über die Stellenvermittlung der Seeleute von 1920" schützte die Betroffenen und machte diesen Zuständen ein Ende. Im Jahre 1927 wurde es in Deutschland Gesetz. Von da ab gab es mit ganz wenigen Ausnahmen nur noch halbamtliche Heuerstellen, und heute ist die Vermittlung von Seeleuten Sache der Arbeitsämter.

Nun werdet ihr gewiß fragen, warum denn überhaupt noch junge Männer, die ihre fünf Sinne beisammen hatten, auf Segelschiffen dienten, wenn das ganze Drum und Dran zu wünschen übrig ließ. Die Antwort liegt nahe: Es waren die Begleiterscheinungen, die zu Klagen Anlaß boten, das Segeln selbst macht einen Heidenspaß und wird immer aufs neue junge Menschen — und nicht nur junge — anziehen. Es war auch damals eine Art Sportgeist, der sie an Bord trieb, wo sie viele Jahre ihres Lebens verbrachten.

Im April 1972 verstarb in Hamburgs Seefahrer-Altenheim der fast 96jährige ehemalige Bootsmann Charlie Müller, eine bekannte Persönlichkeit. Er hatte auf rund 50 Segelschiffen gefahren und dutzendemal Kap Hoorn umrundet. 1890 ist er auf der Hamburger Bark „Luna" zur See gegangen und bis 1939 den Windjammern treu geblieben. Er war auf der Fünfmastbark „Potosi", auf den Viermastbarken „Parma" und „Pommern" und auf der Bark „Prompt". Er fuhr auf deutschen und ausländischen Segelschiffen: auf dem amerikanischen Vollschiff „John Currier", auf dem französischen „Léon Blum" und auf kleineren Barkentinen und Südseeschonern, deren Namen längst vergessen sind. Neun Jahre lang ist er mit dem „Seeteufel" Graf Luckner auf dessen „Vaterland" und „Mopelia" zusammengewesen. Die Cap Horniers, die nur

Seeleute mit dem Kapitänspatent für Große Fahrt aufnehmen, hatten ihn zu ihrem Ehrenmitglied ernannt. Kurz und gut, Charlie Müller war ein solcher Sportsmann von reinstem Salzwasser — mit den sieben Meeren verheiratet, ein Überbleibsel aus der großen Zeit der „Windjammer".

Unter Segelpyramiden eilen die Windjammer über die Meere

Das Wort „Windjammer" bedeutet Segelschiffe. Nicht jene kleinen Küstenschleicher, vielmehr sind die Großsegler gemeint, die unter Segelpyramiden von Kontinent zu Kontinent eilen, den Stürmen verbunden. Das Wort kommt aus dem Englischen und wird von jam — eingezwängt, eingekeilt — abgeleitet. Es trifft den Nagel auf den Kopf; denn der Rumpf eines Segelschiffes ist zwischen Winddruck und Wasserwiderstand eingezwängt und sucht in der Richtung seines Steuerruders auszuweichen. Euer Physiklehrer würde sagen, daß der Kurs des Segelschiffes eine Resultante aus dem Parallelogramm dieser Kräfte ist, denen es zu entgleiten versucht. Das hört sich zwar ein bißchen verzwickt an, ist aber in Wirklichkeit ganz einfach. Man hat es im Gefühl.

Sie waren eine Welt für sich, jene Windjammer, mit eigenen Lebensformen und Gesetzen. Heute, in der zweiten Hälfte unseres Jahrhunderts, redet man eine andere Sprache und sträubt sich, das Vergangene zu verstehen. Was heute als schier unbegreifliche Selbstverleugnung erscheint, war in jener harten Welt nichts anderes als alltägliche Selbstverständlichkeit, über die man wenig Worte verlor. Es gab diesen Berufsstolz und Sportgeist, der unter allen Umständen durchhielt. Trotz Unbill, Not, Nässe, Kälte, Salzfleisch und Hartbrot, trotz halber Ration und fauligem Wasser. Trotz des muffigen Strohsacks auf den harten Brettern der Koje, denn bequeme Hängematten gab es nur an Bord von Kriegsschiffen.

Das alles ist noch gar nicht lange her. Man braucht nicht unbedingt wie Charlie Müller 96 Jahre auf dem Buckel zu haben, um noch auf Windjammern groß geworden zu sein. Vielen unserer heutigen Kapitäne sind auf ihren Planken die Seebeine gewachsen. Denn das Gesetz schrieb noch bis nach dem Zweiten Weltkrieg vor, daß jeder angehende Schiffsoffizier und Kapitän eine Zeitlang auf Segelschiffen gefahren haben mußte. Infolgedessen standen den wenigen noch vorhandenen Seglern immer genügend Mannschaften zur Verfügung, gleichgültig, ob diese wollten oder nicht, sie mußten. Wo der Sportgeist fehlte, tat es der gesetzliche Zwang. Da aber das eine das andere nicht ausschließt, waren am Ende alle zusammen Kummer gewohnt.

Das setzte schlagartig schon mit dem Tag der Ausreise ein, wenn nämlich die Frischwasserpumpe mit Schloß und Kette abgesichert wurde. Auf der langen Reise nach Australien oder nach der Westküste — die man auf zwei bis dreieinhalb Monate veranschlagte — hieß es drastisch Wasser sparen. Der Koch bekam einmal täglich ein genau bemessenes Quantum Süßwasser zum Zubereiten des Essens verabfolgt. Die Mannschaft erhielt dagegen wöchentlich einen kleinen Eimer Wasser pro Person, meistens sonnabends. Damit hatten sie ihren Körper und ihre Kleidung sauberzuhalten, ein Ziel, das sich nur auf ganz raffinierte Weise erreichen ließ. Man stelle sich vor, wie das bißchen Wasser am Ende ausgesehen hat. Noch heute kann ich keinen tröpfelnden Wasserhahn sehen, ohne ihn sofort abzustellen. In den Wolkenbrüchen der Tropen gelang es zuweilen, frisches Wasser zu ergänzen. Nackte Gestalten liefen an Deck umher, die den Regen in Planen und Baljen auffingen und sich gleichzeitig von oben bis unten abseiften. Trotzdem bereitete es immer einige Schwierigkeiten, für rund drei Dutzend Mann Wasser mitzuführen, zumal dieses im Laufe der langen Monate an Güte einbüßte.

Zum Ausgleich dafür gab es aber auch Zeiten, in denen man wochenlang überhaupt nicht ans Waschen dachte. Nach einer Überfahrt von Australien zum Kap Hoorn finde ich in meinen Aufzeichnungen den erwähnenswerten Satz: Nach mehr als achtundzwanzig Tagen heute wieder einmal gewaschen. Wieso? Der Stille Ozean war beileibe nicht still gewesen. Die See war uns täglich über dem Kopf zusammengeschlagen, wir hatten keinen trockenen Faden mehr am Leibe gehabt und waren müde und rheumatisch geworden. Das Seewasser trocknete durch die Körperwärme und hinterließ eine feine Salzschicht, die man wie Puder abwischen konnte.

Der eiserne Ofen im Logis blieb immer kalt; denn der Betrieb dieser Klimaanlage war nicht ganz so einfach, wie es den Anschein haben mag. Überdies predigte ein konservativer Erster Steuermann seiner Mannschaft selbst in kühlen Breiten: „Also ein Ofen — hm, ich will ja nichts gesagt haben, aber ihr werdet euch bloß erkälten, wenn ihr aus dem warmen Logis an Deck kommt. Bedenkt die Gefahr einer Rauchvergiftung und überhaupt die Feuersgefahr im allgemeinen, wenn der Wind in den Schornstein hineinbläst. Also, seid vernünftig, Leute, und steckt bloß nicht den Ofen an, er ist gefährlich und unhygienisch."

Die Speisenfolge und der Geschmack des Essens hingen natürlich vom Geschick des Kochs ab. Aber die beste Kochkunst konnte nichts daran ändern, daß die Kartoffeln nach vier bis sechs Wochen aufgegessen waren oder, wenn nicht, in der tropischen Wärme zu faulen begannen. Dann kamen Präservenkartoffeln auf den Tisch: getrocknete Kartoffelscheiben, in Blechdosen verlötet. Mit aller Liebe zubereitet, ergaben sie eine graue Masse von der Appetitlichkeit und dem

Wohlgeschmack alter Zeitungen. Das Frischfleisch wurde vom Salzfleisch abgelöst, dessen Qualität häufig zu wünschen übrig ließ und dessen violett schillernde Bauchlappen von uns das Prädikat erhielten: „For dogs and sailors only.“ Das Hartbrot ist oft genug geschildert worden. Die Margarine zerfloß in der Hitze und wurde mit dem sprichwörtlichen Butterquast aufgestrichen.

Die einförmige Ernährung, das Fehlen von Obst und frischem Gemüse, alles als selbstverständlich und unvermeidlich hingenommen, führten zu gesundheitlichen Störungen. Es soll hier noch nicht einmal von Skorbut und Beriberi die Rede sein, nur von Mangelerscheinungen wie Schweinsbeulen und Furunkel. Die amtliche Speiserolle sah für die Tropen den Genuß von lime-juice vor. Das ist ein hochkonzentrierter Zitronensaft, von den Engländern eingeführt, der ein vorzügliches Getränk ergab und gerne genommen wurde. Daneben waren Tee und Malzkaffee an der Tagesordnung. Alkoholische Getränke schieden gänzlich aus und wurden nur bei besonderen Anlässen wie Medizin schluckweise verabreicht, wobei es hieß: „Besanschot an!“

Alles in allem hatte Lukull nicht einmal am Tisch des Kapitäns Platz. Schweinsfische oder Albatrosse boten gar zu selten etwas Abwechslung, und so blieb dem braven Seemann eben nichts anderes übrig, als die Tafelfreuden im nächsten Hafen nachzuholen. Dort empfand man dann seine Eß- und Trinksitten ein wenig ungewöhnlich, aber die Ursache seines Benehmens lag eben in der langen Abgeschlossenheit auf See und in der Entwöhnung von allen Anregungsmitteln. Er konnte einfach nichts mehr vertragen, ein, zwei Gläschen warfen ihn schon um. Das einzige Vergnügen, das ihm während der langen Überfahrt auf See blieb, war gewöhnlich der Tabak. War sein eigener Vorrat zu Ende, holte er sich neuen (und Zigarettenpapier dazu) vom Kapitän, der einen kleinen Kramladen unterhielt. Das war die sogenannte „Schlappkiste“, auf englisch slop chest.

Soviel über das Leben auf den großen eisernen Segelschiffen unseres Jahrhunderts. Wie muß es erst auf den alten hölzernen gewesen sein, auf denen nach einer abgedroschenen Redensart nur eiserne Seeleute heimisch gewesen sein sollen. Unter uns gesagt, so schlecht war es gar nicht. Von wenigen Ausnahmen abgesehen, war so ein Holzschuh vor allem besser bemannt und segelte viel trockener als die schweren stählernen Windjammer, die manchmal mehr unter als über Wasser lagen.

Zum Beispiel kenne ich einen Reisebericht des spanischen Dreimasters „Nuestra Signora de los Miraglos" — Unsere Liebe Frau der Wunder, eine hübsche Umschreibung für die Mutter Gottes. Nach den Unterlagen in spanischen Archiven darf der Segler als ein typisches Handelsschiff seiner Zeit angesehen werden. Es war im Jahre 1740, in deutschen Landen wütete der Erste Schlesische Krieg. Die „Nuestra Signora" verließ Ende November den Hafen von Cadiz mit der Bestimmung nach Vera Cruz. Sie gehörte einem Kaufmann, der Stückgüter nach Mexiko ausführte und kubanischen Tabak zurückbringen lassen wollte. Ganze 270 Tonnen groß, hatte der Segler eine Besatzung von sage und schreibe 96 Mann, darunter einen Priester, einen Wundarzt und einen Barbier. Seine Proviantliste verzeichnete unter anderem 3000 frische Eier, 150 Schinken, Speck, Wurst, Hammel, Anchovis, Lachs, eingemachte Früchte und weitere schöne Sachen. Allein für die Mannschaft hatte man 168 Fässer, Behälter und Korbflaschen voll Wein mitgenommen, damit sie auf dem Ozean keinen Durst litt. Und obendrein noch zwei Kisten Cordial Medoc, einen würzigen französischen Likör. So ausgerüstet, ließ es sich auch in alten Tagen gut leben.

Nur ging die Reise „Unserer Lieben Frau der Wunder" nicht gut aus. Am 22. Februar 1741, bereits 84 Tage unterwegs und kurz vor dem Ziel, strandete das Segelschiff auf einem Riff und ging mit dem größten Teil der Besatzung verloren. Nachweislich nicht durch den Cordial Medoc, sondern durch die Tücke der Elemente und sonstige Gefahren der See.

Die Gefahren der See sind vielfältig. In einem Konossement — einem Frachtbegleitbrief — aus dem Jahre 1879 dokumentiert ein Kapitän den Transport der ihm anvertrauten Kaufmannsgüter, indem er vorsichtig alles mögliche einbezieht, folgendermaßen:

„Ich, H. Suerbier, Schiffer von dem Segelschiffe genannt ‚Euterpe', welches jetzt in Hamburg ladet, um nach Valparaiso zu segeln, wo meine rechte Entlöschung sein soll, bescheinige, daß ich im Raume des genannten Schiffes von Herrn Weber, Möller & Co. 25 Kisten Steingutwaren äußerlich gut und wohlbeschaffen empfangen habe, um solche in demselben guten Zustand in Valparaiso abzuliefern ..., wenn mir Gott eine glückliche Reise gibt."

Wenn mir Gott eine glückliche Reise gibt! Doch der liebe Gott gibt nicht immer eine glückliche Reise. Zwar ist man nicht mehr den Zufälligkeiten des Segelns unterworfen, doch schon die größere Beweglichkeit der Dampfer und Motorschiffe und vor allem ihre hohen Geschwindigkeiten bringen neue Gefahren mit sich. Die Konossemente unserer Tage drücken sich nüchterner aus, aber die Kapitäne meinen im Grunde noch immer das gleiche und suchen sich und ihren Reeder von allen Eventualitäten zu entlasten. So sind sie „unter keinen Umständen verantwortlich für die Folgen von höherer Gewalt, von Krieg, Aufruhr und Blockade, von Zwang durch Fürsten, Regenten oder Völker, von Kollisionen, Feuer an Bord und epidemischen Krankheiten, von allen während der Reise eintretenden außergewöhnlichen Ereignissen."

So, Freunde, und nachdem ihr nun zugeben müßt, daß vieles, was ihr euch so unter Segelschiffen vorgestellt habt, ganz anders war, können wir anfangen.

Ist die Erde wirklich eine Kugel?

Im Funk und auf Schallplatten sind zur Zeit „Shanties" modern und gefragt, wiederaufgelebte alte Seemannsweisen. Mit den ehemals kargen Freizeitgesängen an Bord haben die heute stimmungsvoll aufgemachten Melodien allerdings nicht mehr viel zu tun. Noch weniger mit dem arbeitsmäßigen Takt des Singsangs, mit dem man die Kräfte aller in Einklang zu bringen versuchte, etwa beim Aufheißen der schweren Unterrahen oder beim Hieven des Ankers. Einer sang vor, und die anderen rissen beim Kehrreim zugleich am Tampen. Hau — ruck, und noch so'n Pull! So etwas Echtes hört man heute nur noch bei berufsständischen Chören, wie dem Lotsengesangverein „Knurrhahn" in Holtenau.

Portugiesisches Schiff
etwa um die Mitte des 15. Jahrhunderts

Zu den beliebtesten Shanties gehört auch „Vun Hamborg seilt een olen Kasten, de heet mit Nomen Magellon". Mit wahrer Inbrunst schildert er die Mühen und Ungerechtigkeiten des Seemannslebens, aber der Name des alten Kastens bringt uns zurück in jene Epoche, als sich die Menschen anschickten, das noch weitgehend unbekannte Gesicht der Erde zu entschleiern — in das Zeitalter der großen Entdeckungen.

1486 war es dem Portugiesen Bartholomäus Diaz gelungen, das Kap der Guten Hoffnung zu umsegeln. 1492 landete der Genuese Christoph Kolumbus auf der Suche nach Indien auf der dem amerikanischen Kontinent vorgelagerten Inselgruppe der Großen Antillen. 1498 erreichte die Karavelle des Portugiesen Vasco da Gama auf östlichen Kursen das eigentliche Indien. Aber noch immer war man nicht ganz sicher, ob die Erde eine Kugel war oder nicht. Auf dem Papier schon, praktisch hatte es noch keiner bewiesen. Noch niemand hatte den Kreis geschlossen und die Erdkugel umschifft. Bis zum Jahre 1522 ...

Nach dem Schiffstagebuch war es der 7. September 1522, als der nur 85 Tonnen große Segler „Victoria" nach dreijähriger Abwesenheit in seinen Heimathafen Sevilla zurückkehrte. Dort aber schrieb man schon Montag, den 8. September. Die Seeleute hatten trotz ihrer peinlich genauen Zeitrechnung einen Tag verloren und damit unbewußt die Kugelgestalt der Erde bewiesen und eine Datumsgrenze überschritten. Im übrigen brachte sie das als gute Katholiken in arge Gewissenskon-

Schiff zu Ende des 16. Jahrhunderts
Holzschnitt

flikte. Ihre kirchlichen Feiertage hatten nicht gestimmt, und freitags hatten sie Fleisch gegessen.

So endete die erste Weltumseglung, die den Namen Fernando de Magellans trägt und drei Jahre und einen Monat dauerte. Von fünf Schiffen kehrte nur die kleine „Victoria" zurück, und sie auch nur als halbes Wrack. Magellan selbst war getötet worden, 41 Jahre alt. Von 230 Mann, die mit großen Erwartungen auf die Reise gegangen waren, sahen nur 18 die Heimat wieder. Barfuß und im Bußgewande zog die kleine Schar zur Kirche, die schweren Erinnerungen ließen sie nicht froh werden.

Die Geschichte dieser verwegensten Seereise aller Zeiten ist uns in den täglichen Aufzeichnungen des ersten Piloten (Navigators) Antonio Pigafetti überliefert. Ferner aus der Niederschrift des Geheimschreibers am Hofe von Valladolid, van Zevenberghen, der die mündlichen Aussagen der Expeditionsteilnehmer verarbeitete. Fernando de Magellan hat durch die Entdeckung der nach ihm benannten Magellan-Straße am untersten Ende Südamerikas als erster den westlichen Seeweg zum sagenhaften Indien gefunden. Er veränderte das Weltbild seiner Zeitgenossen von Grund auf und korrigierte den Traum des Kolumbus, der glaubte, Indien erreicht zu haben. Beide Entdecker haben ein gemeinsames Schicksal insofern, als sie ihre Glanzleistungen unter fremder Flagge erzielten. Aber für Genies, die uns die Pforten neuer Welten öffnen, haben Landesgrenzen nur geringe Bedeutung.

Fernão de Magalhães, wie er eigentlich hieß, wurde als Sohn eines verarmten portugiesischen Adeligen geboren und am Hofe König Manuels erzogen. Als junger Offizier reiste er für mehrere Jahre in die portugiesischen Kolonien nach Indien, geriet aber dort mit dem Vizekönig hart aneinander und kehrte 1512 nach Portugal zurück, zwanzig Jahre nachdem Kolumbus Amerika entdeckt hatte. Dreimal verwundet und durch Hofintrigen kaltgestellt, lebte er auf seinem Familiensitz. Inzwischen hatte ihm ein Vetter wunderbare Dinge von den fabel-

Die Karavellen des Kolumbus
vorn: „Santa Maria"

haften Gewürzinseln erzählt — das waren die heutigen Molukken. Ihre genaue Lage war nicht sicher, sie befanden sich irgendwo im Osten um jene Grenzlinie verstreut, mit der ein Papst im Jahre 1494 die gesamte nichtchristliche Welt in spanisches und portugiesisches Interessengebiet aufgeteilt hatte. Sie bildeten also einen natürlichen Zankapfel. Magellan selbst glaubte annehmen zu dürfen, es handele sich um spanisches Gebiet, das sich in westlicher Richtung erreichen lassen müsse.

Vom eigenen Vaterland ungerecht behandelt und schroff zurückgesetzt, trug er seine Absicht, jene fernen Inseln aufzusuchen, Kaiser Karl V. in Spanien vor. Dieser ließ sich überzeugen und verpflichtete sich, eine von Magellan angeführte Expedition aufzustellen. Als das Vorhaben bekannt wurde, setzte ein wahres Kesseltreiben gegen Magellan ein, erst recht natürlich von portugiesischer Seite. Vielleicht war es gerade das, was Kaiser Karl V. in seinem Glauben an Magellan bestärkte. Jedenfalls trat dieser am 10. August 1519 als „Admiral und Generalkapitän" mit einem Geschwader von fünf Seglern von Sevilla aus die Reise an. Der Kaiser selbst war an dem Unternehmen mit 20 000 Dukaten beteiligt. Seine Bankiers in Augsburg, die Fugger, machten ebenfalls mit. Die Antwerpener Reederei de Haro hatte ihre Erfahrungen aus der Indienfahrt zur Verfügung gestellt. Trotzdem hing das Ganze einfach in der Luft. Gab es wirklich eine Durchfahrt, die über das neu entdeckte Amerika in westlicher Richtung zu den Molukken und nach Indien führte, wenn man bisher nur immer auf östlichen Kursen dorthin gelangt war? War die Erde wirklich eine Kugel?

Magellans Schiffe kommen uns für heutige Begriffe unvorstellbar klein vor. Sein Flaggschiff „Trinidad" hatte ganze 110 Tonnen, die „San Antonio" 120, die „Conception" 90, die „Victoria" und die „Santiago" gar nur 85 und 75 Tonnen. Historiker meinen, sie waren durchschnittlich etwa 25 Meter lang, 8 bis 9 Meter breit und hatten einen Tiefgang von 2 bis 2,5 Meter. Ihre Segelfläche wird auf etwa 300 Quadratmeter geschätzt. Magellans Gefolgschaft war 230, nach anderen Quellen 268 Mann stark, und ihr hervorstechendes Merkmal scheint das gewesen zu sein, daß sie sich nur widerwillig von einem gebürtigen Portugiesen führen ließ.

Nach wenigen Tagen wurden die Kanarischen Inseln erreicht. An der westafrikanischen Küste entlang steuerte man zu den Kapverden, von dort über den Atlantik. Die Schwierigkeiten ließen nicht auf sich warten, und Magellan, der von seinen Leuten blinden Gehorsam verlangte, war nicht gerade ein verbindlicher Mensch. Als der Kapitän der „San Antonio" sich widersetzte, ließ er ihn kurzerhand in Eisen legen. In den Flauten am Äquator, die das Geschwader aufhielten, setzte er alle auf halbe Verpflegungsrationen. Es gab allerlei Zwischenfälle, sogar übersinnliche Christuserscheinungen. Am 13. Dezember liefen sie in die Bucht von Rio de Janeiro ein. So weit, so gut. Aber am 10. Januar erreichten sie die Mündung des La Plata und damit völlig unbekanntes Gebiet. Ende März ging es auf dem 50. Breitengrad in den südlichen Winter, und die Schwierigkeiten häuften sich.

Alles litt unter dem ungewohnten rauhen Klima. Unzufriedenheit und Furcht verwandelten sich in Haß, es kam zur offenen Meuterei. Kapitän Mendoza von der „Victoria" wurde wegen Ungehorsams erstochen und gevierteilt, Kapitän Queseda von der „San Antonio" enthauptet. Der Stellvertreter Magellans, Kapitän de Cartagena, wurde mit dem Schiffskaplan an einsamer Küste ausgesetzt. Irgendeiner der Kapitäne meuterte immer. Wirklich treu blieb nur Juan Serrano von der „Santiago". Später strandete die „Santiago" während einer Erkundungsfahrt und ging verloren.

Nach zahlreichen Zwischenfällen entdeckten sie am 21. Oktober 1520 den Eingang der späteren Magellan-Straße. Sie waren jetzt vierzehn Monate unterwegs. Eines der Schiffe, die „San Antonio", ergriff die Flucht und kehrte nach Spanien zurück. Mit nur noch drei Seglern setzte Magellan die Reise durch das Höllenloch der Meerenge fort: mit der „Trinidad",

Magellans „Victoria"
In lateinischer Umschrift:
„Meine Segel sind Flügel, Ruhm mein Lohn"

„Conception" und „Victoria". Zwischen 2000 Meter hohen Bergen und verborgenen Klippen, beobachtet von den Wilden Feuerlands, von wütenden Stürmen geschüttelt und von harten Strömungen umhergeworfen, erreichten sie nach weiteren 38 Tagen den Pazifik. Es war eine seemännische Leistung ersten Ranges.

Dann ging es 4000 Seemeilen über ein ruhiges Meer, das daraufhin Stiller Ozean genannt wurde und dessen wahre Ausdehnung keiner ahnte. Es wurde eine Wasserwüste mit Hitze, Hunger, Durst, Krankheit und Tod. Über die Hälfte der Leute ging qualvoll zugrunde. Seit langem hatten sie kein frisches Gemüse mehr gesehen. Der Dauerproviant verfaulte, das Trinkwasser stank. Als sie nichts mehr zu beißen hatten, aßen sie Leder, Ratten, Sägemehl und noch Schlimmeres. Als sie schließlich noch erkannten, daß man den Erdumfang zu klein berechnet hatte und der Stille Ozean den halben Globus bedeckte, waren sie dem Wahnsinn nahe. Nur einer nicht — Magellan!

Nach drei Monaten und zwanzig Tagen ununterbrochener Segelei, es war am frühen Morgen des 6. März, rief ein Schiffsjunge namens Navarro aus dem Mast: „Gelobt sei Gott! Land, Land in Sicht!" Doch die meisten waren so erschöpft und entmutigt, daß sie nicht einmal mehr aufschauten. Sie hatten die heutigen Marianen erreicht, wo sie alles Lebensnotwendige erhielten und sich erholten. Zehn Tage später gelangten sie zu den heutigen Philippinen und kamen ihrem Ziel, den Molukken, immer näher. Magellan verhandelte mit den dortigen Häuptlingen, errichtete das Kreuz und damit die spanische Oberhoheit. Er hatte nun die Gewißheit, den Molukken nahe zu sein, ahnte aber nicht sein bevorstehendes Ende. Am 27. April 1521 wurde er auf der kleinen Insel Matan bei einem Streit zwischen Eingeborenen getötet. Die Gegner nahmen seine Leiche mit.

Jetzt mußte die wurmstichige „Conception" verbrannt werden. Die ihres Anführers beraubten, noch lebenden 115 Mann verteilten sich auf die „Trinidad" und die „Victoria". Den Oberbefehl hatte nun Kapitän Carvalho. Nach weiteren Zwischenfällen sichteten sie am 6. November 1521 die langersehnten Molukken und liefen am 28. November den kleinen Hafen von Tidore an. Durch Annahme des Siegels und der Flagge unterstellte sich auch der örtliche König der spanischen Krone. Die Expedition hatte nun ihre Aufgabe erfüllt, besaß alles, was sie brauchte, da traf die Nachricht ein, daß von Ostindien ein portugiesisches Geschwader unterwegs sei, um sie abzufangen.

Nun tat Eile not. Schon am 21. Dezember trat deshalb die „Victoria" fast überstürzt die Heimreise an. Die schwer havarierte „Trinidad" und ein Großteil der Leute mußten zurückbleiben. Sie gerieten in Gefangenschaft.

Unter dem tüchtigen Kapitän Delcano umrundete die westwärts segelnde „Victoria" im Mai 1522 das Kap der Guten Hoffnung. Auf den Kapverdischen Inseln wurde noch einmal Station gemacht. Dann erreichte die kleine Handvoll Überlebender endlich wieder die Heimat. Von Karl V., in dessen Reich die Sonne nun nicht unterging, und von ihren Zeitgenossen wurden sie gefeiert, wie es ihrer Leistung zukam. Delcano und seinen Unterführer de Radas erhob der Kaiser in den Adelstand. Delcanos Wappen zeigt einen Globus mit der Inschrift „Primus circumdedisti me", was etwa heißt „Als erster hast du mich umkreist".

Auch die übrigen wurden reich belohnt und ausgezeichnet. Durchweg erhielten sie Jahrespensionen von 300 Dukaten, für die damalige Zeit eine hohe Summe. Magellan selbst bezahlte seine Großtat mit dem Leben. Nicht nur das: der portugiesische König Manuel, der ihn einstmals schroff abgewiesen hatte, ließ seine Güter einziehen und sein Wappen löschen. Seinen Ruhm konnte er indessen nicht unterdrücken. Der Name Magellan überdauerte die Zeiten — wenn auch der Mensch selbst das gesuchte Land nicht mehr gesehen hat. Trotz aller Verluste an Menschen und Schiffen wurde diese erste Weltumseglung sogar ein geschäftlicher Erfolg. Die 26 Tonnen Gewürze, welche die „Victoria" schließlich und endlich mitgebracht hatte, deckten alle Unkosten reichlich.

Kluge Leute haben ausgerechnet, daß die erste Weltumseglung 1124 Tage dauerte. Der erste Kosmonaut, Gagarin, der 1961 mit „Wostok 1" die Erde umkreiste, brauchte dazu knapp zwei Stunden, genau gesagt 108 Minuten.

In einem Punkt hatte sich Magellan allerdings geirrt. Die von ihm entdeckte Magellan-Straße bildete nicht die Durchfahrt zwischen zwei großen Kontinenten. Es war lediglich eine Passage am äußersten Zipfel Südamerikas. Weiter südlich lag kein neuer Erdteil, wie er angenommen hatte, nur ein Inselgewirr, später Feuerland genannt, das bald aufhörte und sich im Südmeer verlor. Das entdeckte durch Zufall der erste britische Weltumsegler (1577—80) Sir Francis Drake, der mit der „Golden Hind" (eigentlich „Pelican") Magellans Spuren folgte. Nach Passieren der Straße drängten schwere Stürme seine Schiffe die Küste entlang nach Süden, bis plötzlich mit einem einsamen Kap alles aufhörte. Es war das gefährliche Kap Hoorn, wie es der Holländer Schouten 1616 nach seiner Heimatstadt nannte. Zusammen mit Jacob Le Maire hatte er auf dem Schiff „Eendracht" (Eintracht) als erster die Spitze Südamerikas umsegelt.

Doch wir wollen nicht vorgreifen. Noch beinahe hundert Jahre nach Vasco da Gamas erster Indienfahrt ums Kap der

Genuesische Caracca des 16. Jahrhunderts

Guten Hoffnung behielten die Portugiesen ein alleiniges Vorrecht im Indienhandel, und ihre von dort herangeholten „Kolonialwaren" wurden in ganz Europa gekauft. Es waren in mehrfacher Hinsicht gepfefferte Zeiten, in denen man die Speisen, vor allem das Fleisch, stark mit den östlichen Kräutern zu würzen pflegte. Um den gammeligen Beigeschmack zu überdecken, sagen die Kenner.

Die Portugiesen nahmen ihren Weg ausschließlich um das Kap der Guten Hoffnung und hüteten die Einzelheiten dieser Route wie ein Staatsgeheimnis. In der Meinung, daß der Indische Ozean ihnen allein gehöre, holten sie von dort die Reichtümer des Ostens, wie sich die Spanier in Amerika und darüber hinaus die Schätze des Westens holten. Einfach ausgedrückt: die einen suchten nach Gold, die anderen nach Gewürzen. Immer neue Gebiete wurden erschlossen, neue Küsten vermessen, die Seekarten füllten sich. Land, Land, schrien die Matrosen — und diesmal schrien sie wirklich.

Dann wurden beiden Nationen ihre Alleinansprüche von den Holländern und von den Briten streitig gemacht. 1595 gründeten holländische Kaufleute die „Allgemeine Vereinigte Ostindische Compagnie", indem sie das Volk beteiligten und für sechseinhalb Millionen Gulden Anteilscheine unter die Leute brachten (so entstand die erste „Aktiengesellschaft" der Welt). Sie schickten im gleichen Jahr die erste holländische Flotte nach Osten. Deren Anführer, Cornelius de Houten, kannte die Gewässer, da er mit den Portugiesen schon einmal in Goa gewesen war. Doch zurück zu den Schiffen.

Die im Indienhandel beschäftigten portugiesischen Segler unterschieden sich von den kleinen Karavellen eines Magellan beträchtlich. 1592 wird von zwei portugiesischen „Karacken" berichtet, die den Engländern in die Hände fielen. Die eine, „Madre de Dios", war beispielsweise schon 50 Meter lang, 14 Meter breit und 7,90 Meter tief. Ihr Großtopp war 37 Meter hoch. Dieser Dreimaster hatte soviel Ladung im Bauch, daß zehn englische Küstensegler daran zu tragen hatten. Die wertvolle Beute wurde gekrönt durch den unverhofften Fund geheimer Seehandbücher und einer portugiesischen Seekarte mit allen Segelrouten. Das war ein gefundenes Fressen für die Engländer, die unter der Schirmherrschaft der Queen Elizabeth im Jahre 1600 eine „Gesellschaft Londoner Kaufleute zum Handel mit Ostindien" bildeten. Derweil hatten die Anteilscheine der holländischen Ostindischen Compagnie bereits hohe Anerkennung gefunden und wurden als Wertpapier 1602 an der Amsterdamer Börse gehandelt.

Wir wollen uns nicht mit den Auseinandersetzungen der beiden Flaggen in und um Indien aufhalten. Man darf aber sagen, daß diese jungen Unternehmen die ruhmreichste Epoche in der Geschichte der Segelschiffe einleiteten und alle jene Grundsätze entwickelten, auf denen der Überseehandel beruht. Noch heute steht in Amsterdam der „Turm der Tränen", von wo aus die Zurückbleibenden ihre Männer, Väter und Söhne für lange Zeit mit den Segelschiffen entschwinden sahen.

Die holländische Ostindische Compagnie hat für uns Deutsche eine gewisse nachbarliche Bedeutung. Da das kleine Holland nicht genügend Arbeitskräfte für die Schiffe und die Niederlassungen auf den Sundainseln aufzubringen in der Lage war, suchte es junge Leute im Ausland, die ihr Glück bei ihnen machen wollten. Viele junge Deutsche, die nicht zuletzt den Wirren des Dreißigjährigen Krieges zu entgehen trachteten, ließen sich drüben anwerben. Die Ausrüstung der Angeheuerten lieferte das Magazin der Compagnie: eine Seekiste, einen Strohsack für die Koje und ein Gebetbuch.

Die stattlichen „Pinnas-Schiffe" der Compagnie, füllige Dreimaster von 600 bis 700 Tonnen, waren größer als die damaligen Kriegsschiffe und angeblich auch den Galeonen der Portugiesen überlegen. Trotzdem muß es auf ihnen drangvoll eng gewesen sein; denn insgesamt befanden sich etwa 400 Mann an Bord, einschließlich der Passagiere. Eine Menge Platz nahmen noch die 30 bis 50 Geschütze weg, mit denen man sich herumstieß.

Kupferstich von 1647

Holländische Ostindienfahrer

Was die sogenannte Speiserolle betraf, so machte sie den sparsamen Holländern alle Ehre. Zu Beginn der Reise wurden zum Beispiel pro Kopf fünf große Käse übernommen. Wöchentlich gab es fünf Pfund Hartbrot, ein halbes Pfund Butter, dazu Öl und Essig. Morgens aß man Wassergrütze, mittags und abends nach alter Seemannsweise Erbsen und Bohnen. Dreimal wöchentlich Fleisch hielt man für ausreichend; zweimal ein dreiviertel Pfund gepökeltes Rindfleisch und am Sonntag ein halbes Pfund Speck. Dazu trank man Dünnbier, solange noch was da war, wenn nicht, gab es täglich anderthalb Liter Wasser. Als Vorbeugungsmittel verabreichte man zu jeder Mahlzeit ein siebentel Liter Wein oder einmal täglich ein zehntel Liter Schnaps. Ablehnen durfte man ihn nicht. Es hatte etwas vom „Trink, Vogel, oder stirb".

Bei den vielen Leuten an Bord war die Besatzung in drei Wachen eingeteilt, das heißt sie lösten einander in drei Schichten ab und rissen sich sozusagen kein Bein aus. Die Disziplin war streng, die Prügelstrafe an der Tagesordnung. Für größere Vergehen gab es barbarisch harte Strafen. Man tauchte den Sünder an einem Tampen ins Wasser oder holte ihn gar unter dem Schiffsboden hindurch; „kielholen" nannte man so etwas.

Die Überfahrten dauerten lange, man rechnete durchschnittlich mit sieben Monaten, in Einzelfällen wurden es vierzehn. Es kam vor, daß der Rest der Besatzung mit Mühe und Not das Schiff ans Ziel brachte; denn mehr als die Hälfte waren unterwegs gestorben. Die Überlebenden litten an Skorbut und an Hungerödemen, die Zähne waren ihnen ausgefallen, Wasser saß ihnen in den Gliedern. Wenn möglich, wurden die Kapverden angelaufen und frischer Proviant und Zitrusfrüchte an Bord genommen. Weitere Zwischenstationen waren St. Helena, seit 1652 auch Kapstadt und im Indischen Ozean die Insel Mauritius. Hier lebte eine schwanengroße, flugunfähige Vogelart, die Dronte, und lieferte Frischfleisch. Seit der Mitte des 18. Jahrhunderts ist sie ausgerottet.

Aber der Indische Ozean brachte ihnen auch die berüchtigten Mauritius-Orkane. Überhaupt verlief keine Reise ohne ernsthafte Zwischenfälle. Matrosen verloren den Halt in der Takelage und brachen sich das Genick, andere fielen über Bord und konnten in der schweren See nicht gerettet werden. Die Masten knickten um, oder sie wurden gekappt, um das hochbordige Schiff vor dem Kentern zu bewahren. Dann wieder hatte man die Überfälle von Piraten abzuwehren, was ebenfalls Opfer kostete. Erreichte der Segler endlich Batavia (heute Djakarta) und hatte auf hundert Mann nur fünf Tote gehabt, nannte man es eine glückliche Reise.

Die englische East India Company stand unter nicht weniger harten Bedingungen. Nach der Mode der Zeit mußte sie sich an Mannschaften zusammensuchen, was sie nur kriegen konnte: Trunkenbolde, Taugenichtse und Dreschflegel nicht ausgeschlossen. Andererseits war sie ein modernes Unternehmen, das sich sehr um seine Arbeiter kümmerte. Die Company unterhielt einen eigenen Gesundheitsdienst, eine Versicherung, gewährte Pensionen und Renten für Witwen und Waisen. Jeder Seemann erhielt vor Antritt der Reise zwei Monatsheuern Vorschuß (in advance), während seiner Abwesenheit bekam die Ehefrau den Verdienst des Mannes ausbezahlt. Die Medizinkisten der Schiffsärzte wurden ständig ergänzt. Trotzdem war die Totenziffer auf vielen Reisen sehr hoch, und die damaligen Lebensbedingungen an Bord ihrer Schiffe müßte man heute als entsetzlich bezeichnen.

Um 1617 waren die größten Schiffe ihrer umfangreichen Flotte die „New Years Gift“ (800 Tonnen), die „Anna Royal“ (900 Tonnen) und die „Royal James“ (1000 Tonnen). Diese frühen Ostindiensegler waren weder schön noch leicht. Man hatte sie „über den Daumen“ gebaut, ohne unsere wissenschaftlichen Erkenntnisse, plump und dickbäuchig, mit niedrigem Bug und hohem, kastellartigem Heck. Sie hatten im allgemeinen drei Masten, zwei davon rahgetakelt, und führten eher zuviel Segel als zuwenig. Vor dem Wind liefen sie einigermaßen, wie vierkantige Schachteln, die stampften und rollten und — durch das Gewicht ihrer Geschütze auch noch topplastig — beängstigend weit überholten. Bei Gegenwind kamen sie nicht von der Stelle. Bei einer plötzlichen Bö gerieten sie in Gefahr umzufallen, wenn die Wachhabenden nicht aufpaßten.

Die langen Reisen, zwischen einem und zwei Jahren, setzten ihnen furchtbar zu. Zerzaust von den Stürmen, unten dick mit Muscheln bewachsen, von Bohrwürmern angenagt, so krochen sie dahin und leckten wie ein Sieb. Tag und Nacht hörte man das Geräusch der Lenzpumpen. Nach vier Reisen waren sie am Ende und nicht mehr zu gebrauchen.

Das waren gepfefferte Zeiten. Es ging wirklich rund bei der „christlichen" Seefahrt und auf ihren hölzernen Schiffen. Land, Land, schrien die Matrosen, die gar nicht so eisern waren, wie sie uns heute immer dargestellt werden.

Holländischer Ostindienfahrer des 17. Jahrhunderts

Der Wind, der Wind, das himmlische Kind

Daß die Reisen dieser frühen Segelschiffe so lange dauerten, lag nicht nur an ihrer plumpen Bauart, sondern zum Teil auch daran, daß man die Winde auf den Ozeanen nicht kannte. Das mag sich merkwürdig anhören, aber ...

Ein Dampfer fährt zwischen zwei Punkten so nahe wie möglich auf dem „größten Kreis". Das ist ein Begriff aus der sphärischen Trigonometrie und bezeichnet den kürzesten Weg auf der Kugeloberfläche beziehungsweise auf der Erdkugel. Im Alltagsdeutsch ist es die Luftlinie. Dagegen kann ein Segelschiff selbst auf dem freien Ozean nicht immer der kürzesten Linie folgen oder einem geraden Kurs. Brauchbare Winde bedeuten in diesem Falle mehr als kurze Entfernungen.

Das Segelschiff muß immer einer Route nachgehen, auf der erfahrungsmäßig die günstigen Winde vorherrschen, selbst wenn dies zu großen Umwegen auf den Weltmeeren zwingt, die es dann aber schnell zurücklegt. An diesen Erfahrungen fehlte es den Europäern anfänglich noch.

Erst nach und nach erkannte man im Atlantik den Nordost- und den Südostpassat, die ständig zum Äquator hin wehen. Im Indischen Ozean erfuhr man den Wechsel der Monsune, die im Sommer regelmäßig aus Südwesten und im Winter aus Nordosten blasen. Ganz zuletzt kam man auf die großen Westwindtriften der südlichen Breiten, weitab von allen Küsten, in denen nur noch die Albatrosse und die Walfische zu Hause sind. Aber bis aus den Passaten beispielsweise die englischen Tradewinds (Handelswinde) wurden, die man sich zunutze machte, verging noch geraume Zeit. Es bedurfte der systematischen Beobachtungen mehrerer Generationen, ehe man die Eigenarten und Wechselfälle aller Winde und ihre ausgeprägten Bahnen soweit erforscht hatte, um zu wissen, welche Winde in den einzelnen Gebieten anzutreffen sind. Heute bekommt man bei den hydrographischen Instituten für die einzelnen Ozeane monatliche Übersegelkarten, die man bei Bedarf nur aus der Schublade zu ziehen braucht.

Am Anfang kroch man die Küsten entlang, suchte die kurzen Entfernungen, wunderte sich, wenn man in wochenlangen Flauten unter einer sengenden Sonne liegenblieb, die das Pech aus den Decksnähten schmolz, und kannte noch nicht einmal die Wirbelnatur der großen Stürme. So gerieten die spanischen Karavellen des 16. Jahrhunderts auf der Reise nach der Neuen Welt etwa um den 30. Breitengrad, nördlich der Bermudas, in ein Schönwettergebiet mit ausgedehnten Windstillen. Schon Kolumbus hatte hier viel Seetang angetroffen, so daß man es später die Sargasso-See nannte (lat. Sargassum, portugies. Sargaço — Seetang). Der Legende nach blieben die Segelschiffe in den Tangflächen stecken, aber es waren keineswegs die dünnen Algenfäden, die sie aufhielten. Der Wind

17. Jahrhundert

Im Vorfeld der Küste

blieb weg — die spanischen Abenteurer und Goldsucher dümpelten wochenlang auf der Stelle, und das Trinkwasser ging zur Neige. Um nicht zu verdursten, erstachen sie ihre Pferde, mit denen sie den neuen Kontinent zu erobern gedachten, und warfen sie über Bord. Diesen Teil des Atlantiks aber nannten sie die „Roßbreiten", und den Namen hat er behalten, obwohl man heutzutage kaum noch weiß, woher er stammt.

Natürlich veränderte eine wachsende Welt auch die Schiffsform. In ihren Abmessungen verschob sich das Verhältnis von Länge und Breite zugunsten der Länge. Die Schiffe wurden schlanker und segelten schneller: Länge läuft. Der französische Schiffbau brachte nach den fülligen Ostindienfahrern um 1700 einen neuen und schnellen Typ hervor, die Fregatte. Aus ihr entwickelte sich der spätere Klipper, das stählerne Vollschiff. Das Segel selbst verwandelte sich in seiner geometrischen Figur. Formen und Größen glichen sich den langen Routen an.

Der Horizont wurde noch weiter. Im Süden des Pazifiks war man auf den fünften Kontinent gestoßen, auf Australien. Zwischen den Wendekreisen des Krebses und des Steinbocks entdeckte man die Inselgruppen der Südsee. Sie lagen da wie Perlen auf blauer Seide, bevölkert von nackten Wilden, die vor den Weißen wie vor Göttern auf die Erde fielen und sie hinterher wie die Raben bestahlen. Die Kunde von jenen paradiesischen Inseln lockte die Europäer ans Ende der Welt: zurück zur Natur! Die Segel der Holländer, Franzosen und Briten, die der Portugiesen und Spanier verschwanden hinter einsamen Horizonten und verloren sich in unendlichen Weiten. Von der amerikanischen — damals spanischen — Westküste waren die ersten Inselgruppen, die Tuamotus, rund 8000 Kilometer entfernt, von dort bis nach Australien waren es noch einmal 5000 Kilometer.

Alles lag hinter einem zauberhaften Schleier, verklärt von der Sonne, die aus immerblauem Himmel strahlte. Inseln tauchten auf, die man später nicht mehr wiederfand oder an ganz anderer Stelle. Männer von der Art eines Kapitän Cook kamen, machten Vermessungen, beobachteten Sonnenfinsternisse und Planetendurchgänge, knüpften Freundschaften und gründeten Niederlassungen, in denen man zuweilen kurz danach keine Menschenseele mehr sah. Die Seeleute entdeckten nach monatelangen Entbehrungen hier einen ungeahnten Himmel auf Erden, aus dem sie sich nur höchst ungern vertreiben ließen. Freibeuter und Glücksritter erschienen auf der Bildfläche, Piraten, Priester und Walfischfänger. Das wiedergefundene Paradies ging aufs neue verloren.

Seeleute desertierten und meuterten. Andere wurden wegen Unbotmäßigkeit oder aus sonstigen Gründen auf leeren Eilanden ausgesetzt, wie Alexander Selkirk, das Vorbild des Robinson Crusoe. Schiffbrüchige, die sich von Korallenriffen an einen Palmenstrand retteten, fielen Kannibalen zum Opfer. Andere vermischten sich mit den Eingeborenen. Gewisse Ereignisse von höchster Dramatik und Beispiele größten Wagemuts erfüllen uns noch heute mit Staunen und Bewunderung, wie die Meuterei auf der „Bounty" und die Fahrt des Kapitäns Bligh und der mit ihm ausgesetzten 18 Männer in einem offenen Boot über eine Entfernung von 3618 Seemeilen (oder 6700 Kilometer), die schließlich nördlich von Australien durch die klippenreiche Torres-Straße segelten und nach 41 Tagen Timor in Holländisch-Ostindien erreichten, wo einst Delcano auf der Heimreise mit der „Victoria" Station gemacht hatte.

Die „Bounty" im Film

Noch immer führte der Weg in jene Ozeane vorzugsweise auf östlichen Kursen um das Kap der Guten Hoffnung und auf westlichen Kursen um das berüchtigte Kap Hoorn. Um den Weg abzukürzen, pflegten die Spanier ihre Ladungen über die schmale Landenge von Panama von einer Küste zur anderen zu transportieren, wo die Silberflotten bereitlagen. Von einem Panamakanal wagte man noch nicht einmal zu träumen. Und während man im Stillen Ozean eine Insel nach der anderen in Besitz nahm und zuweilen rasch wieder vergaß, handelte man im Atlantik mit schwarzem Elfenbein: mit Negersklaven, die man aus Afrika als Arbeitskräfte in die Neue Welt brachte. Wie es auch der pommersche Kapitän Joachim Nettelbeck aus Kolberg in seiner „Lebensbeschreibung" zum besten gibt. Kap Hoorn blieb möglichst links liegen. Seine ewigen Stürme ließen nur Desperados und alle Jubeljahre Nachschubschiffe dorthin gelangen. Auch Bligh, mit der „Bounty" auf dem Wege nach Tahiti, hatte vergeblich versucht, den untersten Zipfel von Südamerika zu umrunden, und mußte schließlich den längeren Weg um das Kap der Guten Hoffnung nehmen.

Am 18. September 1740 verließ ein englisches Geschwader unter Kommodore Anson den Hafen von Portsmouth mit dem Befehl, die spanischen Besitzungen an der Westküste Amerikas zu schädigen. Es wurde eine mehrjährige Reise um die Welt, und nur ein Schiff gelangte wieder in die Heimat. Das Geschwader bestand aus der Fregatte „Centurion" (60 Geschütze

und 400 Mann Besatzung) als Flaggschiff, der „Gloucester" (50/300), der „Pearl" (40/250), „Wager" (28/100), „Tryal" (8/100) und zwei kleinen Versorgungsschiffen. Außer den Besatzungen befanden sich noch 470 Marinesoldaten an Bord.

Inzwischen hatten die Spanier ein weit überlegenes Geschwader unter Admiral Pizarro hinausgeschickt, um es mit den Engländern aufzunehmen: die „Asia" (66 Geschütze und 700 Mann Besatzung), die „Guipuzcoa" (74/700), „Hermione" (54/500), „Esperance" (50/450) und die „St. Etienne" (40/358). Außerdem war noch ein vollständig ausgerüstetes Infanterieregiment auf die einzelnen Schiffe verteilt worden. Die Spanier liefen zunächst den La Plata an, setzten am 22. Januar 1741 die Reise fort, um noch vor den Engländern an der Westküste zu sein. Bei Kap Hoorn wurden sie jedoch von schweren Weststürmen aufgehalten und voneinander getrennt. „Asia", „Esperance" und „St. Etienne" drehten schließlich um und trafen im Mai, also ein Vierteljahr später, wieder auf dem La Plata ein. Von der „Hermione" hat man nie wieder etwas gehört, während die „Guipuzcoa" an der brasilianischen Küste strandete. „Asia" und „Esperance" hatten beide etwa die Hälfte ihrer Besatzungen verloren, von den 358 Mann der „St. Etienne" waren nur noch 58 am Leben. Das besagte Infanterieregiment war bis auf 60 Mann zusammengeschmolzen. Und das, obgleich noch nicht ein einziger Schuß gefallen war — die bloßen Strapazen hatten genügt. Ja, der Wind, der Wind, das himmlische Kind. Und der böse Skorbut . . .

Im Oktober des gleichen Jahres versuchten die spanischen Fregatten „Asia" und „St. Etienne" aufs neue, Kap Hoorn zu umrunden und den Stillen Ozean zu erreichen. Die letztere geriet noch im La Plata auf Grund und mußte verlassen werden. Die „Asia", nun auf sich selbst gestellt, segelte bis nahe an Kap Hoorn, verlor dort aber ihre Masten und erreichte mit Mühe und Not wieder den sicheren La Plata. Nun wurde die inzwischen dort zurückgebliebene und abgetakelte Fregatte „Esperance" wieder instandgesetzt und auf die Reise geschickt,

Nächste Seite: Kap Hoorn, Totalansicht

um zu retten, was noch zu retten war. Diesmal gelang es! Als einzige vom ganzen Geschwader umsegelte die „Esperance“ Kap Hoorn und traf endlich in Valparaiso ein, „wenn auch in einer Verfassung, daß man sich den Engländern auf offener See nicht mehr stellen konnte“.

Das britische Geschwader machte zunächst bei der brasilianischen Insel Santa Catharina Station, wo es seine Kranken zur Erholung an Land schickte. Vom Flaggschiff „Centurion“ alleine 80. Nach vier Wochen, am 18. Januar 1741, etwa um die gleiche Zeit wie die Spanier, setzten sie wieder Segel, gerieten aber unmittelbar darauf in schweres Wetter. Eines der Schiffe, die „Pearl“, geriet in Sichtweite der Spanier — die man auf den ersten Blick irrtümlich für Engländer hielt —, konnte sich aber durch größere Segelfähigkeit noch rechtzeitig wieder entfernen. Das britische Geschwader, mal in Formation, mal auseinandergerissen, schlug sich mit Sturm und Nebel und einem Seegang herum, der das Schlimmste befürchten ließ. Statt der erwarteten vierzehn Tage kreuzten sie sechs Wochen bei Feuerland. Als sie am 22. April 1741 endlich Land erblickten und ihre Position bestimmen konnten, standen sie zu ihrer Enttäuschung viel weiter zurück. Die Situation wurde so verzweifelt, daß sie glaubten, an den unwirtlichen Küsten der Kap-Hoorn-Region Schiffe und Leben zu verlieren. Als der Wind umsprang, konnten sie nach Süden ausweichen — der Kälte entgegen. Drei Schiffe hatten mittlerweile so schwere Schäden erlitten, daß sie umkehren mußten und Rio de Janeiro anliefen. Das Geschwader wurde nun völlig zerstreut.

Das Flaggschiff „Centurion“ hatte in diesem schrecklichen April außer den Sturmschäden noch 43 Tote infolge von Skorbut. Dann lag Kap Hoorn hinter ihm — die schweren Stürme ließen nach. Mit dem besseren Wetter kamen die Windstillen. Am 28. Mai erreichten sie den Breitengrad von Juan de Fernandez, „konnten aber die Insel nicht finden, so daß man sich entschloß, das chilenische Festland anzusteuern, um einen genauen Standort zu erhalten“. Danach sichtete man die Insel am 9. Juni 1741. Seit der Ausreise von Santa Catharina waren allein 143 Tage verflossen ...

Hätte man die Insel schon am 28. Mai gefunden, wären viele Menschen gerettet worden; denn in der kurzen Zwischenzeit waren noch weitere 170 Mann an Skorbut gestorben. Mit Ausnahme der nach Rio zurückgekehrten fanden sich nach und nach die restlichen Schiffe mehr oder weniger angeschlagen ein. Die noch fehlende „Wager" war im Süden Chiles gestrandet. Von der Besatzung konnten sich 130 Mann in Booten auf eine kleine Insel retten. Dort kam es zur Meuterei, in deren Verlauf sich die Meuterer entfernten und den Kommandanten mit 18 Getreuen zurückließen. Von den Aufständischen erreichten schließlich 30 Mann auf Umwegen Brasilien. Der zurückgelassene Kommandant wurde mit vier Mann nach verschiedenen Irrfahrten von den Spaniern gefangengenommen und ein Jahr später von der britischen Regierung ausgelöst.

Angesichts der ungeheuren Schwierigkeiten muß man den Mut und die Entschlossenheit der Engländer bewundern, die ihren Auftrag nie aus den Augen verloren, sich an einem bestimmten Ort — Juan de Fernandez — sammelten und den Gegner noch immer anzugreifen gedachten. Kommodore Anson verfügte außer seinem Flaggschiff „Centurion" nur noch über zwei weitere Einheiten, „Gloucester" und „Tryal". Er brachte einige spanische Schiffe auf, beschoß die spanischen Niederlassungen an der Küste und lieferte einige Gefechte. Dann waren „Gloucester" und „Tryal" so mitgenommen, daß auch sie aufgegeben werden mußten. Mit der „Centurion" segelte der Kommodore im Mai 1742 nach den spanischen Philippinen zu einem Handstreich. Auf der Reise dorthin fiel ihm noch eine jener vielerwähnten wertvollen spanischen Galeonen in die Hände, deren Wert mitsamt der Ladung auf anderthalb Millionen Pfund Sterling geschätzt wurde. Das war für die damalige Zeit eine enorme Beute.

Ein einzelnes Schiff konnte indessen gegen die inzwischen aufgekreuzten Spanier nicht mehr viel ausrichten. Die Fregatte

„Centurion" lief noch Kanton in China und Macao an, machte auf Java Station und kehrte nach England zurück, wo am 15. April 1743 auf der Reede von Portsmouth der Anker fiel. Seit dem Beginn des Unternehmens waren zwei Jahre und sieben Monate verstrichen. Mehr als tausend Mann hatten ihr Leben verloren, und nur ein einziges Schiff war zurückgekehrt.

Das waren die bis an die Zähne bewaffneten „Men o' War", wie man sie nannte. Englands „hölzerne Mauern", mit denen es seine Seeherrschaft gewann: hochbordige, schwimmende Batterien, mehrstöckig und kompakt; mit Vorräten und Munition in den Unterräumen und mit Menschen in den Zwischendecks vollgestopft. Auf denen man in Hängematten zwischen den Geschützen schlief, die rot ummalt wurden, damit das Blut der Verwundeten nicht so auffiel. Durch deren offene Stückpforten die Meeresbrise strich, bis man bei bewegter See alle Öffnungen schloß und es vor Gestank nicht auszuhalten war. Hinter den großen Kajütenfenstern der barockverschnörkelten Achterschiffe stieß man sich den Kopf an den Decksbalken, und der Dreispitz fiel herunter. Indes rankte sich draußen das Flechtwerk der Takelage um die Masten schier in den Himmel, der Wind blähte die großen Segel wie Bettücher, bis eine feindliche Salve das Holz zerschlug, die Leinwand zerfetzte und den ganzen Kram von oben kommen ließ . . .

. . . am selben Tage erhob sich aus Südwest der Sturm, der uns fast unausgesetzt sechs Tage lang gefährdete. Nachmittags um 4 Uhr schlug auf das Hintertheil des Schiffes eine Welle, die große Zerstörung anrichtete und den Capitän über Bord spülte, der zum Glück noch im Thauwerk verwickelt über dem Abgrund schweben blieb und sich wieder auf das Verdeck schwang. Das Geländer war zerschmettert, selbst die stärksten Glieder der Brüstung zersplittert und eine Kanone auf die andere Seite des Schiffes geworfen. Das Steuerruder war beschädigt, das Wasser in die Kajüte des Capitäns eingedrungen.

Die Fregatte „Novara"

Mit diesen Worten werden die Begleiterscheinungen einer Kap-Hoorn-Umseglung zu Beginn des 19. Jahrhunderts geschildert; aus einer Zeit also, die uns nicht viele derartige Berichte hinterließ. Erstaunlich ist es, daß sie von Adelbert von Chamisso stammen, dessen Verse noch heute bekannt sind: „Salas y Gomez", „Das Riesenspielzeug", „Es geht bei gedämpfter Trommel Klang" und andere. Chamisso berichtet über die Weltreise des Seglers „Rurik" in den Jahren 1815/18, die er als Naturforscher mitmachte. Welch ein Widerspruch! Hier begegnen wir dem Poeten als unerschockenem Seemann, der seine schöngeistigen Werke zu Hause ließ, darunter auch den „Peter Schlemihl", den Mann ohne Schatten. Während oben im Eismeer an der Beringstraße eine rauhe Insel wartete, die einmal seinen Namen tragen sollte, sank hinter ihm das Land der Romantik unter den Horizont. Es sind zwei Welten, zwischen denen buchstäblich ganze Ozeane liegen.

Merkwürdig und bewegt war Chamissos bisheriges Leben verlaufen. Als Sohn französischer Emigranten tritt er in preußische Kriegsdienste und erlebt als Leutnant die Niederlage von 1806. Danach studiert er Naturwissenschaften. Mittlerweile vierunddreißig Jahre alt und ohne feste Existenz, wird er aufgefordert, sich als Naturforscher der Expedition der russischen Brigg „Rurik" unter Kapitän Otto von Kotzebue anzuschließen. Diese Expedition wurde von einem Grafen Rumanzow ausgerüstet und hatte den Auftrag, eine „Entdeckungsreise in die Südsee und um die Welt" anzutreten. Chamisso reist über Hamburg und Kiel nach Kopenhagen, wo er den von Petersburg kommenden Segler „Rurik" betritt. Am 17. August 1815 gehen sie in See. Noch ein Aufenthalt in Plymouth — und der offene Atlantik liegt vor ihnen.

„Rurik" war eine Brigg, also ein Zweimaster mit Rahtakelung, und 180 Tonnen groß, besser gesagt klein. Mit acht Kanonen bestückt, führte er auf dieser Reise die russische Kriegsflagge. Seine Besatzung war nur 33 Mann stark. Außer dem Kapitän befanden sich zwei Leutnante an Bord, ein Arzt,

Holländisches Seestück etwa 1650
Dänische Brigg „Phönix" von Flensburg im Jahre 1847

außer Chamisso ein weiterer Wissenschaftler, ein Zeichner, drei Untersteuerleute, ein Koch und zwanzig Matrosen. Ihrer Nationalität nach waren es Russen und Deutsch-Russen, ein Däne und ein Malaye. Zwischen der Kajüte des Kapitäns und dem Mannschaftsdeck vorne lag eingeklemmt die knapp 14 Quadratmeter große Kajüte de Campagne der Offiziere und Wissenschaftler. Chamisso hat dieses Loch eingehend beschrieben: seine Alkovenkojen, Schubläden und Sitzkästen, den Eß- und Arbeitstisch, den durch die Decke gehenden Großmast, der auch noch eine Menge Platz wegnahm, und bemerkt im übrigen, daß nur hier geraucht werden durfte.

Er beschreibt die Stellung des Kapitäns und die Eigentümlichkeiten der ihm fremden Bordetikette. Seine eigene Rolle bekommt gleich einen Dämpfer, als man ihm bedeutet, daß er keine Ansprüche zu stellen habe. Als er nach heftiger Seekrankheit wieder zu sich kommt, will man auch nicht seine Ratschläge, ob es sich nun um das Filtern des Trinkwassers handelt oder um den Vorschlag einer bestimmten Reiseroute. Im ganzen gesehen scheint jedoch das Zusammenleben auf engstem Raum über die langen Jahre hinweg, dank der russischen Gutmütigkeit, nicht schlecht gewesen zu sein. Bei allem behält er ein tapferes Herz und Sinn für Humor. Der Sturm bereitet ihm lediglich Langeweile, die er sich mit seinen Kameraden unter Deck vertreiben muß. Es ist dunkel, die Bullaugen sind mit Blenden verschlossen, die Mahlzeiten hören auf. Sie trinken Schnaps, erzählen einander Anekdoten und gähnen. Er notiert: „Die Sache hat nicht einmal den Reiz der Gefahr . . ., ich habe ihr auf dem kleinen, wellengeschaukelten Bretterhause nie ins Angesicht gesehen."

Das kleine, wellengeschaukelte Bretterhaus muß ein ausgezeichnetes Seeschiff gewesen sein. Meile um Meile trägt es sie davon. Über Teneriffa nach Santa Catharina in Brasilien, wo auch das Geschwader unter Kommodore Anson schon eingelaufen war und die „Rurik" am 12. Dezember 1815 den Anker fallen läßt. Zum Jahresende segeln sie weiter in Richtung Kap

Brigg etwa um 1700

Hoorn, lassen das Kap der Orkane aber bald hinter sich und erreichen in nur 46 Tagen Talcahuano in Chile — eine hervorragende Leistung, zu der man das kleine Segelschiff nur beglückwünschen kann.

Vom späteren Salpeterhandel ist in Chile noch keine Rede. Chile war eine spanische Kolonie, und an der ganzen Westküste Amerikas hinauf bis zum russischen Alaska mischen sich seltsam die steife spanische Etikette, Armut und Verfall. Der Gouverneur der Niederlassung San Franzisko ist schon seit sieben Jahren ohne Verbindung mit dem Mutterland. Es kommt kein Schiff, es gibt weder Post noch Sold. Im März 1816 setzt die Expedition wieder Segel, um nun bis zum Jahresende im Stillen Ozean herumzukreuzen. Es ist ein Vorstoß ins Unbekannte. Nur die klassischen Entdecker waren dort gewesen, die Missionare und einige wenige nach ihnen. Inselgruppen hatte man aufgestöbert, wieder aus den Augen verloren und zufällig an anderer Stelle wiedergefunden. Die großen europäischen Handelshäuser sind in der Südsee noch nicht vertreten, aber die Urbevölkerung ist vielfach schon ausgerottet. Nicht zuletzt durch eingeschleppte Krankheiten wie die Tuberkulose.

Das kleine, wellengeschaukelte Haus „Rurik" kennt keine Ruhe. Sie besuchen die Osterinsel mit ihren rätselhaften steinernen Riesenstandbildern. Sie taufen eine Rumanzow-Insel, sichten neue Gruppen, denen sie sozusagen ihren Stempel aufdrücken: die Ruriks-Kette, die Krusenstern-Inseln und andere. Nach dreieinhalb Monaten taucht die russische Küste vor ihnen auf — Kamtschatka ist in Sicht! Noch im Juni liegt es unter Schnee. Dort angekommen, bereiten sich Schiff und Besatzung für eine besondere Aufgabe vor: die Entdeckung der „Nordöstlichen Durchfahrt" von der Beringstraße aus. Bei einem Vorstoß entdecken sie dort den Kotzebue-Sund mit der Chamisso-Insel. Wegen der vorgeschrittenen Jahreszeit müssen sie umkehren und verbringen den Winter wieder in der Südsee: auf Hawaii, bei den Karolinen und Marianen.

Das Frühjahr 1817 sieht sie wieder vor der Beringstraße. Die Nordöstliche Durchfahrt finden sie nicht. Der 14. April wird zum schwarzen Tag der Expedition. Ein Orkan beschädigt die brave „Rurik"; der Kapitän selbst bekommt einen Stoß vor die Brust, von dem er sich nie wieder ganz erholt. Auf den Aleuten wird der Segler repariert. Bei einem letzten Einbruch ins Nordmeer treffen sie schon am 11. Juli auf Eis. Der kränkelnde Kapitän von Kotzebue bricht daraufhin das Unternehmen als aussichtslos ab und legt die Rückreise fest: quer durch die Südsee nach Manila, hernach durch die Sundastraße in den Indischen Ozean zum Kap der Guten Hoffnung und weiter nach Europa. Am 29. Januar 1818 treten sie von Manila aus die Heimreise an. Sie sind jetzt zweieinhalb Jahre unterwegs. In Europa gelten sie als verschollen.

In Kapstadt erreichen Chamisso endlich Grüße aus der Heimat. Als sie im April die Insel St. Helena anlaufen wollen, auf der Napoleon als Verbannter lebt, verwehrt man der russischen Brigg die Einfahrt. Am 17. Juni 1818 landen sie wieder in Portsmouth. Das kleine Segelschiff hat Hervorragendes geleistet und unsere Kenntnis vom Angesicht der Erde erweitert. Seine erstaunlichen Reisen und das Ausbleiben von Mangelkrankheiten an Bord stellen seiner Führung in jeder Hinsicht ein vorzügliches Zeugnis aus. Die Odyssee der „Rurik" endet einige Wochen später in Petersburg, wo auch Chamisso von Bord geht. Eine „Asträa" bringt ihn nach Swinemünde und Stettin.

Adelbert von Chamisso hat seine Reise in einem breit angelegten „Tagebuch" und in einem Anhang „Bemerkungen und Ansichten" niedergeschrieben. Er berichtet über alles und jedes: vom enttäuschenden Kreuz des Südens, von den Walen im Meer und den Ratten auf den Inseln, von Pflanzen und Palmen, von Wetter und Wind. Er forscht nach den Dynastien der Südseeinseln, verfaßt eine Grammatik der Eingeborenendialekte, beschreibt die Kanus der Seefahrer ebenso eingehend wie die Eigenarten der nördlichen Landstriche im Eis. Er zählt die Leibeigenen auf den Missionsstationen und kritisiert die sozialen Zustände. In Europa liegt das alles hinter ihm, er will nicht mehr viel davon wissen. Auch die See lockt ihn nicht mehr. Drei Jahre an Bord eines winzigen Windjammers waren genug. In „Swinemünde, im Oktober 1818" bricht er in die Worte aus:

Heimkehret fernher, aus den fremden Landen,
in seiner Seele tiefbewegt der Wandrer;
er legt von sich den Stab und knieet nieder,
und feuchtet deinen Schoß mit stillen Tränen.
Oh, deutsche Heimat —!

Von Klippern und Skippern

Gewiß waren die Indienfahrer für ihre Zeit schöne Schiffe und machten auf ihre Weise auch gute Reisen, aber sie waren vor allem zum Transport großer Ladungen gebaut und weniger zum Schnellsegeln. Auch die nachfolgenden Fregattschiffe, Dreimaster, schleppten so viel davon, wie sie nur tragen konnten. Geschwindigkeit war noch nicht so wichtig und spielte erst allmählich eine Rolle, als die Industrialisierung die Welt zu verwandeln und die allgemeine Lage im Welthandel zu verändern begann. Das ging nicht von heute auf morgen, aber 1813 verlor die englische East India Company ihr Handelsmonopol mit Indien und 1833 das mit China. 1848 wurde in Kalifornien, das nun den Vereinigten Staaten gehörte, in solchen Mengen Gold entdeckt, daß man aus aller Welt hinzuströmte, um sein Glück zu machen. Um 1850 passierte ähnliches in Australien. Und auf einmal war die Geschwindigkeit Trumpf, einer wollte immer noch schneller sein als der andere.

Beim Bau schneller Schiffe hatten inzwischen amerikanische Werften allen anderen den Rang abgelaufen und für gewisse Gewerbe Segelschiffe konstruiert, die zwangsläufig schnell sein mußten, um davonzukommen: das waren die Wegelagerer und Freibeuter, die Schmuggler und die Sklavenfahrer. So waren kleine, schnelle Schoner entstanden, deren schlanke Linien sie zum Lastentragen wenig geeignet machten und die statt dessen unter dem Druck ihrer Segel wie eine Möwe über das Wasser flogen. Aus ihnen entwickelten sich die Klipperschiffe, die etwa um die Mitte des Jahrhunderts ihren Höhepunkt erreichten und mit ihren fabelhaften Segeleigenschaften, bis aufs letzte ausgenutzt von verwegenen Kapitänen oder „Skippern", wahrhaft legendäre Leistungen erzielten.

Das Wort Klipper wird von to clip abgeleitet, von schneiden und abschneiden, und als erster nachweislicher Klipper entstand 1832 in Baltimore die „Ann McKim". Sie war nicht ganz 44 Meter lang, ging hinten etwa 5 Meter tief und vorne gerade 3,3 Meter. Im Grunde genommen war sie eine riesige Yacht. Und wie riesige Yachten nahmen sich auch die folgenden Klipperschiffe aus, mit allen entsprechenden Merkmalen: überschlank und übertakelt. Die Schiffslänge betrug das Sechs- bis Siebenfache der Breite; die drei Masten waren höher als je zuvor und vollgetakelt mit Rahsegeln, wahre Pyramiden aus Leinwand, die sich nach oben hin verjüngten. Über den Mars- und Bramsegeln saß die königliche „Royal", darüber hoch am Himmel das „Sky"-Segel, und wem auch das noch nicht genügte, der hängte als achtes das taschentuchgroße „Mond"-Segel oben drüber, damit ihm auch ja nicht der leiseste Luftzug entging. Zwischen den Masten fingen die dreieckigen Stagsegel das letzte Stückchen Brise auf, und um bei achterlichem Wind mehr davon zu haben, vergrößerte man die Segelfläche,

indem man von den vierkant gebraßten Rahen seitwärts noch Spieren (Stangen) mit rechteckigen Lee-Segeln ausbrachte. Diese kleinen Klipperschiffe waren drei- und viermal so stark bemannt wie die großen Windjammer späterer Zeiten. Das ständige Hantieren mit diesen zahlreichen Leinwänden hielt die Matrosen in Trab, und im Eifer des Gefechts, bildlich gesprochen, ist mehr als einer von oben gekommen und auf Nimmerwiedersehen im Kielwasser achteraus verschwunden.

Denn die Klipper hielten sich nicht auf. Flach wie eine Rennyacht stürmte der hölzerne Rumpf unter dem „Preß" der Segel dahin, 14, 16, ja für ganz kurze Zeiträume auch 18 und mehr Knoten schnell, wenn man den Angaben alter Logbücher trauen darf. Achtzehn Knoten, das sind rund 33 Kilometer, und 33 Kilometer sind bei einer Masse Schiff etwas anderes als bei einem vergleichsweise federleichten Auto. Im Laufe der Zeit wurden sie so verfeinert, daß sie wie ein Vollblut wirkten und nur mit äußerster Geschicklichkeit gemeistert werden konnten — und oft nur unter Lebensgefahr. Wer sich an Bord eines Klippers begab, wußte, worauf er sich einließ: auf ein mühseliges Leben bei feinem Wetter und auf ein höllisches

oben: Toppsegel-Schoneryacht „Trinity",
ein Vorläufer der Klipperschiffe

bei schlechtem, gewürzt durch gelegentliche Prügel von einem bulligen Steuermann, dem es nicht fix genug ging. Dalli, dalli, immer feste druff! Zum Ausgleich konnte man vielleicht einen gewissen Ruhm erwerben oder einen „guten Schnitt" machen.

Es gab berühmte amerikanische Werften, die sich auf den Bau von Klippern spezialisiert hatten, z. B. McKay in Boston, und meisterliche Konstrukteure wie John W. Griffiths, der die „Rainbow" (Regenbogen) entwarf, mit ihren nur 750 Tonnen fast schon ein Versuchsschiff voll neuer Ideen, die 1845 in New York gebaut wurde und schon drei Jahre später mit Mann und Maus spurlos verschwand. Die „Rainbow" lief in 92 Tagen von New York nach Kanton und in 88 Tagen zurück, eine außerordentliche Leistung. Man erzählte sich von der 890 Tonnen großen „Sea Witch" (Seehexe), die von ihrem Kapitän Waterman bis an den Rand des Umfallens gesegelt wurde. Von diesem Skipper, der Schiff und Mannschaft aufs äußerste beanspruchte, sagte man, daß er die Schoten der Segel anzuschließen pflegte, wenn er sich schlafen legte, damit der Steuermann inzwischen nicht die Segel kürzen konnte. Eine Eigenschaft, die man auch anderen Skippern nachsagte. Trotzdem verlor Kapitän Waterman nicht ein einziges Stück und hatte während seiner Laufbahn keine einzige Havarie. Sein Maß war voll, als er einen seiner Leute totschlug. Er wurde freigesprochen, verlor aber sein Kommando. Und nun ist es wohl an der Zeit, die präzise Frage zu stellen: Warum das Ganze, diese wilde Hetzjagd, dies auf Biegen oder Brechen?

Nun, wenn ihr es ganz genau wissen wollt, die Geschäfte der Klipper waren einträglicher Art, wenn auch zuweilen fragwürdig. Man verdiente gut, wenn man beispielsweise Opium nach China schmuggelte. Das Opium, aus dem in Indien angebauten Schlafmohn gewonnen, diente zunächst nur als Medizin. Aber schon bald verbreitete es sich als Rauschgift in China, dessen soziale Verhältnisse geradezu nach einer Betäubung verlangten. Um 1800 verbot die kaiserliche chinesische Regierung jede weitere Einfuhr. Ungeachtet dessen brachten die Schmuggler alleine im Jahre 1826 rund 34000 Ballen Opium nach China. Alle möglichen Nationen beteiligten sich an diesem Schwarzhandel, und die Amerikaner mit ihren schnellen Schiffen sahen nicht ein, warum sie sich das Geschäft entgehen lassen sollten. Die Gewinne erwiesen sich jedenfalls als fabelhaft. So soll der Klipper „Rose" 1837 mit 300 Ballen Opium einen Reingewinn von 300000 Dollar gemacht haben! Das Risiko war jedoch auch nicht ohne. Man lief Gefahr, Schiffbruch zu erleiden, von Piraten ausgenommen oder nach raffinierter Folter geköpft zu werden, oder ein Taifun riß Schiff und Besatzung in Stücke. Aber das sind schon alles Geschichten, die nicht mehr in dieses Buch gehören.

Die Amerikaner zögerten trotz allem nicht, in den Chinahandel einzusteigen. Um 1850 bekamen sie es mit dem kalifornischen Goldrausch zu tun. Das nördliche Kalifornien war 1847/48 an die Vereinigten Staaten gefallen, aber ohne jegliche Eisenbahnverbindung mit der industrialisierten Ostküste und landeinwärts durch Gebirge abgeschlossen. Der gesamte Verkehr, der mit dem Goldrausch wie eine Lawine einsetzte, bewegte sich von der Ostküste nach Kalifornien um das berüchtigte Kap Hoorn. Schnellsegler wurden verlangt, und die Matrosen sangen:

Blow, boys, blow, for Californio,
there is plenty of gold,
so I am told,
on the banks of Sacramento.

Die Frachten waren ungewöhnlich hoch, man spricht von 78000 und 84000 Dollar für eine Ladung von Versorgungsgütern, und manches Schiff fuhr seine Baukosten in einer einzigen Reise herein. Darum wurde sozusagen auf Teufel komm raus gesegelt! Die „Rainbow" und die „Flying Cloud" (Fliegende Wolke) brachten zweimal die Reise von Boston nach San Franzisko in 89 Tagen hinter sich. Nur hatte die Sache einen Haken. In der Regel erwiesen sich die Kalifornienreisen als eine Einbahnstraße; denn mit wenigen Ausnahmen gab es weder Ladung noch Passagiere zurück. So setzte dann mancher Klipper die Segel und jagte westwärts über den Stillen Ozean dem Chinahandel entgegen. Wieder sangen sie:

A Yankee ship came down the river,
a Yankee ship with a Yankee skipper.

Kaum angekommen, stiegen einige unverzüglich in den lohnenden Opiumschmuggel ein, aus dem sie dann nicht wieder zurückfanden. Anderen gelang es, nach einiger Zeit wieder auszubrechen, so auch der schon erwähnten „Ann McKim“. Es gab nämlich auch ein respektables Geschäft, bei dem sich Unsummen verdienen ließen, wenngleich man dafür auch länger unterwegs war, nämlich den Teetransport. Genauer gesagt, den Transport von Tee nach Europa, vornehmlich nach England, dem klassischen Land der Teetrinker. Tee ist eine empfindliche, aber auch sehr wertvolle Ladung, die wenig Platz einnimmt und hohe Frachtgelder erzielt. Vor allem sind es die ersten Partien der neuen Ernte, die alljährlich das meiste Geld einbringen. Wer zum Beispiel die erste Ladung der neuen Ernte aus China in London ablieferte, gewann zu allem anderen noch eine Prämie von 1 000 Pfund, nach dem damaligen Stand rund 20 000 Mark. Alles zusammen war wie geschaffen für besonders schnelle Schiffe und hat zu einigen bemerkenswerten Episoden in der Geschichte der Segelschiffahrt geführt.

Der erste amerikanische Klipper, der Tee nach London brachte, war das Vollschiff „Oriental“, mit einer Tragfähigkeit von 1 000 Tonnen, das von China nach New York in 81 Tagen gelaufen war und London von Hongkong aus in 97 Tagen erreichte. Die „Oriental“ war länger und schmäler als alles bisher Gewohnte. Sie bekam eine höhere Fracht als die britischen Schiffe zuvor. Jetzt nahmen auch die Engländer den Bau dieser Klipper auf und zeigten, was sie konnten. So entstanden bei englischen Werften die „Challenger“ (etwa 700 Tonnen), ferner die „Stornoway“ und „Chrysolite“, die rund 900 Tonnen

Hamburgisches Fregatt-(Voll-)Schiff um 1840

laden konnten. In handfesten Maßen ausgedrückt, Freunde, damit ihr euch ein Bild machen könnt: die „Stornoway" hatte eine Länge von 48,06 Meter oder 157 Fuß 9 Zoll (157'9") und eine Breite von 7,85 Meter (25'9"). Ein anderes Schiffchen — denn so muß man die eigentlichen Teeklipper bezeichnen —, die „Ariel", war 59,42 Meter (195') lang und 10,30 Meter (33'10") breit. Sein Tiefgang betrug 6,40 Meter.

Diese eigentlichen englischen Teeklipper mußten gegen großartige amerikanische Vorläufer antreten, von denen wir schon einige kennen: „Flying Cloud", „Donald McKay", „James Baines" oder „N. B. Palmer", die man in China allgemein nur „die Yacht" nannte. Immerhin ließ sich das ganz gut an, und die „Stornoway" machte Geschichte mit den schnellsten Chinareisen des Jahres 1851. Für die Ausreise brauchte sie 102, für die Heimreise 103 Tage.

1853 bestellten englische Reedereien bei amerikanischen Werften vier der feinsten Klipper, die jemals die Ozeane durchpflügten. Das erste Schiff war die „Lightning" (Blitz), die sich mit der einen Tag später auslaufenden „Red Jacket" (Rotjacke, nach einem Häuptling der Seneca-Indianer aus dem 18. Jahrhundert) schon auf der Überfahrt nach England ein

Duell lieferte. Die „Lightning" war flinker und segelte bis zu 18 Knoten, die „Red Jacket" gut 17, kam aber nach dreizehn Tagen und einer Stunde als erste in Liverpool an.

Die Heimreisen der schnellen Teeklipper von China wurden nun zu einer sportlichen Angelegenheit, bei der man hohe Wetten abschloß. Noch heute denkt man an den Kampf zwischen „Ariel" und „Taeping", „Fiery Cross" und „Serica", die am 30. Mai 1866 fast gleichzeitig Futschau-Fu mit der Bestimmung nach London verließen, während ein anderer Klipper, die „Taitsing", einen Tag später folgte. Es war ein Wettrennen über 13 393 Seemeilen oder 24 800 Kilometer!

Die „Fiery Cross" setzte sich sofort in Führung, die anderen blieben ihr dicht auf den Fersen. Das Wetter war alles andere als schön, Dunst wechselte mit Regenböen. Nach 21 Tagen führte „Fiery Cross" noch immer; „Ariel" und „Taeping" folgten am gleichen Tage, nur „Serica" hinkte anscheinend zwei Tage hinterher, und „Taitsing" schien verschwunden. Beim Kap der Guten Hoffnung sah es noch nicht viel anders aus, nur hatte „Serica" wohl aufgegeben.

Zwischen der Südspitze Afrikas und St. Helena wendete sich das Blatt. Die „Taeping" setzte sich mit einer günstigen Brise an die Spitze, „Fiery Cross" wurde zweite, aber „Serica" holte auf und passierte die „Ariel", die nun zurückblieb. Die „Taitsing" kam ebenfalls schnell auf, ohne daß es die Konkurrenten gewahr wurden.

Am 12. August passierte „Ariel" als erste die Kapverdischen Inseln. Einen Tag darauf erschienen „Taeping", „Fiery Cross" und „Serica". Dafür war „Taitsing" eine ganze Woche hinter „Ariel" zurückgefallen. Bei den Azoren hatte die „Taitsing" drei Tage aufgeholt.

Am 5. September waren die Klipper 98 Tage in See. In der vorangegangenen Nacht hatte „Ariel" Bishop Rock am Kanalausgang gesichtet. Bei Tagesanbruch erschien auch die „Taeping", und dann rannten die beiden wunderbaren Klipper fast Seite an Seite mit 13 Knoten durch den Englischen Kanal rapide ihrem Ziel entgegen. Nach einem Wettlauf um die halbe Welt unterschieden sie sich nur um Minuten. Für die Zeitgenossen wurde es jetzt atemberaubend ...

Als der Themselotse an Bord kam, trennten sie nur wenige Augenblicke, „Ariel“ führte noch immer um Haaresbreite. Dann dampften die Schlepper herbei — und nun erneutes Hin und Her. Die „Teaping“ bekam den Schlepper zuerst und war fast eine Stunde vor ihrer Rivalin bei Gravesend. Schließlich aber erreichte die „Ariel“ ihren Liegeplatz im East India Dock um neun Uhr abends, während „Teaping“ in das flußaufwärts liegende London-Dock eine Stunde später einlief. Selbst dann war der Wettstreit noch nicht beendet; denn während die „Teaping“ unter anfeuernden Rufen sofort festgemacht wurde, mußte „Ariel“ zwanzig Minuten warten. Nach vielem Debattieren wurde das Ganze als unentschieden erklärt, und die Kapitäne von „Ariel“ und „Teaping“ teilten sich Prämien und die hohen Frachten für die erste Teeladung des Jahres.

In der gleichen Nacht machte auch noch die „Serica“ fest.

Diese Schiffe und auch der vorstehend beschriebene Wettkampf sind Gegenstand vieler zauberhafter Bilder gewesen. Am schönsten hat sie der Engländer J. Spurling gemalt, der in seinen Gemälden die Atmosphäre in unübertroffener Weise eingefangen hat. Die Sonne und die Wolken, das Spiel von Licht und Schatten auf den Segeln, die Reflexe der Nässe, die Durchsichtigkeit des sprühenden Wassers, und mittendrin der unter vollen Segeln förmlich dahinfliegende Klipper ...

Die „Ariel“ existierte nur sieben Jahre. Mit einer Überfahrt von London nach Hongkong in 79 Tagen und 21 Stunden stellte sie einen Rekord auf, den kein Klipper jemals erreicht hat. 1872 wurde sie nach Australien geschickt, wo sie nie angekommen ist. Man nimmt an, daß dieses leichte und yachtschlanke Schiff in den südlichen Ozeanen von den langen Wellenbergen der Westwindtrift von hinten überrollt und unter Wasser gedrückt wurde.

1787 hatte man in der Botany-Bay — an jener Stelle, an der Cook zum erstenmal australischen Boden betrat — eine Strafkolonie gegründet. Es war so ziemlich das Ende der Welt, wohin England seine Übeltäter entsandte. Der Transport der Sträflinge erforderte Segelschiffe mit besonderen Einrichtungen. Sie waren weder schön noch schnell — die zu langjährigen Strafen Verurteilten hatten reichlich Zeit —, scheinen aber besonders stabil gewesen zu sein. Eines von ihnen, der Dreimaster „Succes" (Erfolg), im Jahre 1790 gebaut, existierte noch 140 Jahre danach.

In den folgenden Jahrzehnten war Australien zu einem Kontinent von Siedlern und Auswanderern geworden, denen sich um 1850 die Goldgräber zugesellten. Viele machten sich auf den Weg, ohne die mühevolle und auf der letzten Strecke zuweilen recht stürmische Überfahrt zu scheuen, von der sie sich ohnehin kein Bild machen konnten. Wenn die schweren Brecher an Deck donnerten, wurden die Luken verkeilt, und die Passagiere mußten sehen, wie sie klarkamen. Die Verpflegung war nicht besonders gut, so daß man anfangs noch eigene Vorräte mitnehmen mußte, um Körper und Seele zusammenzuhalten, und die Todesrate war zuweilen sehr hoch. Viele arme Seelen, die sich voller Gesundheit aufgemacht hatten, bekamen das gelobte Land nie zu sehen.

Die „Lightning" war ursprünglich für den Passagierverkehr nach Australien entwickelt worden und viel geräumiger und größer als die üblichen Teeklipper. Sie hatte 1. und 2. Klasse und Zwischendeckseinrichtungen. Sie war ein schneller Segler, der von London in 77 Tagen nach Melbourne lief und für die Rückreise nur 64 Tage 3 Stunden und zehn Minuten brauchte. Ihr erster Kapitän war ein gewisser „bulliger" Forbes, der im Verein mit einem ebenso „bulligen" Steuermann Bragg es nicht an Nachdruck fehlen ließ. 1855 erreichte sie im Laufe von einer Woche einen Tagesdurchschnitt von 300 Seemeilen oder 15 Knoten in der Stunde. Im großen Inderaufstand 1856/58 wurde die „Lightning" vorübergehend als Truppentransporter eingesetzt und erreichte Kalkutta in 87 Tagen, „indem sie alle anderen Schiffe, die Truppen nach Indien brachten, hinter sich ließ, sowohl die unter Segel — als auch die unter Dampf.“

Und genau an dieser Stelle beginnen wir zu ahnen, daß die Tage der wunderbaren Klipperschiffe und ihrer den Globus umspannenden Reisen auch schon gezählt waren. Wenn sie auch noch den Dampfschiffen ihrer Zeit bei gutem Wind davonliefen, waren sie doch schon zum Sterben verurteilt. Es half nichts, daß gelegentlich der Skipper eines himmelhohen Klippers dem in Qualm gehüllten Dampfer übermütig ein Tauende hinhielt, als ob er ihn mitnehmen wollte. Der mit dem langen dünnen Schornstein hatte auf die Dauer den längeren Atem. Immerhin, auf den langen Rennstrecken, die ihre eigentliche Domäne waren, hätten sich die Klipper wohl noch eine Weile behauptet, wenn ihnen ein großes technisches Bauwerk nicht sozusagen das Wasser abgegraben hätte: 1858, als der Inderaufstand zu Ende ging, begann man mit dem Bau des Suezkanals; 1869 wurde er eröffnet.

Der Suezkanal verkürzte den Seeweg nach Indien nahezu um die Hälfte. Jetzt konnten die Klipper so billig und so schnell sein, wie sie wollten, auf dieser verkürzten Route, die nicht für sie gemacht war, liefen ihnen alle Dampfer davon. Sie haben sie im ganzen nie wieder eingeholt. Der langsame Dampfer, der durch den Suezkanal keuchte, war noch immer ein Drittel schneller als das Klipperschiff mit seinen großen Umwegen.

Und doch zeigte sich gerade in dieser Zeit noch einmal die große Kunst des Segelschiffbaues in zwei Meisterwerken: in den Klippern „Thermopylae“ und „Cutty Sark“. Die „Thermopylae“ (von Bernard Waymouth entworfen und 1868 in Aberdeen gebaut) war 64,66 Meter lang und 10,97 Meter breit. Ihre Raumtiefe betrug 6,40 Meter und ihre Tonnage 991 Bruttoregistertonnen. Die „Cutty Sark“ (deren Linienriß von Hercules Linton stammt und die 1870 zu Wasser kam) war wenige Zoll länger, ihre Tonnage geringfügig kleiner. Ihr merkwürdiger Name bezieht sich auf die Galionsfigur, eine Darstellung der Hexe Nannie aus dem Gedicht „Tom O'Shanter" von Robert Burns. Aber nicht die Hexe selbst ist mit dem Namen gemeint, sondern ihr abgeschnittenes Hemdchen – das cutty sark. Man sieht, die Taufpaten hatten Humor.

Unter vollem Zeug: norwegische Barkentine

Diese beiden kleinen Vollschiffe waren wahrscheinlich die schnellsten Segler ihres Jahrhunderts und gewiß die würdigen Gegenstücke zu den fabelhaften Yankeeklippern. Die „Thermopylae" segelte auf ihrer Jungfernreise vom Ausgang des Kanals in 62 Tagen nach Melbourne, ein Rekord, der lange Zeit später von einem deutschen Windjammer noch einmal erreicht wurde. Von Australien lief der Neubau mit Kohlen nach Shanghai und von dort, gegen den Monsun ankreuzend, in 91 Tagen wieder nach Hause.

Die „Cutty Sark" schaffte es in 69 Tagen nach Melbourne und in 68 Tagen von Sydney zurück zum Kanal. Ihre Indienststellung hatte sich aus geldlichen Gründen bis zum Januar 1870 verzögert – eben drei Monate nach der Eröffnung des Suezkanals. So gesehen lief sie hinter ihrer Zeit her, die eben unter dem Horizont verschwand. Man nennt die „Cutty Sark" heute den schnellsten Segler, der je gebaut wurde. Andererseits hat sie einige ziemlich langsame Reisen aufzuweisen. Vermutlich in den späteren Jahren, als schnelle Segelschiffsreisen nicht mehr so gefragt waren und man die Schiffe schonte, wenn es nicht auf Eile ankam. Beide Klipper waren erklärte

Dänische Brigg unter siamesischer Flagge, etwa 1840/50
Bark „Seames Pride" unter siamesischer Flagge, etwa 1840/50

Rivalen und hofften auf die Gelegenheit, ihre Kräfte zu messen.

Der Zufall wollte es, daß sie beide einmal gleichzeitig von Shanghai nach England ausliefen. Bis Hongkong lag die „Thermopylae“ in Führung, wurde aber vier Tage später von der „Cutty Sark“ überholt. Von da ab schien sich alles gegen die „Cutty“ verschworen zu haben. Zuerst mußte sie einigen Wasserhosen weit aus dem Wege gehen. Im Indischen Ozean flogen ihr einige Segel davon. Vor der südafrikanischen Küste zerschlug die schwere See das Steuerruder, es mußte durch ein Notruder ersetzt werden und dieses abermals durch ein anderes. Nichtsdestoweniger erreichte „Cutty Sark“ in 122 Tagen England — nur wenig später als die „Thermopylae“. Am Ende dieser Reise kündigte ihr Kapitän Moodie, er hatte Streit mit dem Reeder bekommen.

Auf der folgenden Chinareise erzielte die „Cutty Sark“ ein Etmal (Tagesleistung) von 363 Seemeilen, das größte der „Thermopylae“ betrug 358 Seemeilen. Im Jahre 1875 liefen beide noch einmal um die Wette, aber kurz nach dem Verlassen von London erlitt die „Cutty Sark“ eine kleine Kollision, und die „Thermopylae“ schlug sie um sieben volle Tage. Auf der anschließenden Heimreise war es umgekehrt. Während die „Thermopylae“ 125 Tage brauchte, rannte ihr die „Cutty Sark“ mit nur 108 davon. Beide Segelschiffe gaben sich in nichts nach, das eine war so gut wie das andere. Am Ende entscheidet immer das Glück, bei einem Segelschiff auf weitem Meer vielleicht noch mehr als anderswo.

Doch wie schon erwähnt: ihre große Zeit war vorüber. Jeder Dampfer, der durch den Suezkanal trödelte, brauchte für eine Chinareise nur etwa zwei Drittel der Zeit des schnellsten Klippers. Der Teehandel bevorzugte zwangsläufig den neuen Weg, und die beiden schönen Segler transportierten in den achtziger Jahren Wolle von Australien, den Rohstoff für die Textilindustrie. Auch hier zeichneten sie sich durch schnelle Reisen aus und waren nun so etwas wie Wollklipper.

Doch der große Verdienst war dahin, und bald folgte der Abstieg. Die einstmals so vollendet schönen und graziösen Segler trugen ihn mit der Würde großer Damen, die in ihrer Jugend bessere Tage gesehen haben. Die neunziger Jahre mit ihrer rein kapitalistischen Denkart waren indessen keine Epoche, welche die Schönheit alter Segelschiffe zu schätzen wußte. Die „Thermopylae" wurde an die portugiesische Marine verkauft und 1907 als Ziel eines Kaliberschießens im Atlantik versenkt.

Die „Cutty Sark" wurde ebenfalls nach Portugal verkauft und fuhr unter dieser Flagge bis 1922. Inzwischen über fünfzig Jahre alt geworden, gelangte sie in den Besitz eines gewissen Kapitäns Dowman aus Falmouth, England. Der alte Klipper, nun in Falmouth vor Anker, wurde grundüberholt und gewann etwas von seinem früheren Aussehen zurück. Nach dem Tode des Kapitäns schenkte die Witwe den Klipper dem Thames Nautical College, er wurde ein stationäres Schulschiff. Die letzte Reise der „Cutty Sark" führte zur Themse, wo sie seit 1957 im Trockendock von Greenwich ruht, mit schwarzbraun geteerter hölzerner Außenhaut und unter der Wasserlinie mit Kupferblech beschlagen, ein Monument der Segelschiffahrt und ein Freilichtmuseum.

Die eiserne Zeit

Ich kannte einmal einen alten Seemann, der hieß Karl Meier. Sein Name klingt wahrscheinlich enttäuschend nüchtern in euren Ohren, Freunde, ihr habt gewiß etwas anderes erwartet. Aber auch echte Seeleute, mit und ohne Bart, heißen nur selten Terje Vigen, Ocke Ockens oder Jan Murr, sondern eher wie du und ich, und das hört sich dann schon anders an. Trotz seines alltäglichen Namens war Karl Meier noch ein Seemann von echtem Schrot und Korn. Er hatte sogar in der guten Stube einen leibhaftigen Fünfmaster zu stehen. Einen Fünfmaster, an dem alles stimmte, von der Fock bis zum Besan, von der Konterbrasse bis zum Block, vom Flaggenknopf bis zum Namen am Heck, und der klang schon ein wenig abenteuerlicher und r-r-rollte förmlich von der Zunge: „R. C. Rickmers".

Karl Meier besaß eine Nachbildung des seinerzeit größten Segelschiffes der Welt. Dieses größte Segelschiff der Welt war bei ihm nur wenig mehr als 30 Zentimeter lang und unter seinen eigenen Händen in der kargen Freizeit an Bord entstanden. Mit nichts anderem als einem Taschenmesser ...

„Am 17. April 1906 habe ich auf dieser, damals noch funkelnagelneuen Fünfmastbark ‚R. C. Rickmers' in Bremerhaven angemustert", so erzählte Karl Meier, „sie war ohne Klüverbaum 134,5 Meter lang und 16,6 Meter breit und zu 5548 Bruttoregistertonnen vermessen. Aber sie hatte nicht nur wegen ihrer unerhörten Größe allen anderen Windjammern etwas voraus, nein, sie besaß auch eine Hilfsdampfmaschine von 1000 Pferdestärken. Damit sollte sie, genau wie die Dampfer, auf dem kürzeren Weg durch den Suezkanal die indischen Reishäfen erreichen können. Diese kleine Kaffeemühle, über die heute kein Mensch ein Wort verlieren würde, lieferte damals manches Streitgespräch zwischen Seeleuten, die sie einen ‚Smokewer' nannten und trotz ihrer mehr als vierzig Segel nicht als Segelschiff gelten lassen wollten.

Egal — von Bremerhaven aus liefen wir nach New York. An Bord befanden sich auch der Reeder und seine junge Tochter Mabel. Die amerikanischen Zeitungen schrieben spaltenlange Berichte über die ‚R. C. Rickmers' und nannten sie galant ‚ein Riesenschiff, von Mädchenhand gesteuert', womit die Mabel gemeint war. In New York verließen uns die Passagiere. Wir übernahmen als Ladung 25000 Kanister Petroleum, so was gab es damals noch, es war reines Lampenpetroleum. Das brachten wir um das Kap der Guten Hoffnung nach Bangkok und Saigon. Von der Überfahrt wäre nichts Besonderes zu erwähnen. Für die Rückreise nach Deutschland gab man uns 80000 Doppelzentner Reis in Säcken.

Den Suezkanal benutzten wir merkwürdigerweise doch nicht", fuhr Karl Meier fort und stopfte sich seine Pfeife, „der Wind war uns lieber. Die ‚R. C. Rickmers' segelte gut und machte im Indischen Ozean gute Fahrt. Einmal liefen wir in nur zehn Tagen 2700 Seemeilen hintereinander weg. Einen der berüchtigten Mauritius-Orkane haben wir nur vor Topp und Takel gut überstanden, das heißt mit allen Segeln festge-

Karl Meiers Modell der „R. C. Rickmers"

macht. Was soll ich noch sagen — am 13. Februar 1907 musterte ich von der Fünfmastbark in Geestemünde wieder ab. Die Rundreise hatte neun Monate und 27 Tage gedauert. Es war eine schöne Zeit . . ."

Ich betrachtete das kleine Modell noch einmal eingehend. Mit seinen Masten, Segeln, Booten, Deckshäusern und den Lampentürmchen auf der Back sah ich es die Ozeane überqueren und hatte eine Frage: „Wie groß war eigentlich die Besatzung der ‚R. C. Rickmers'?"

Karl Meier paffte dicke Wolken durch die Gegend und erwiderte mit bedeutungsvollem Blick: „Nur 48 Mann!"

Man denke, von nur vier Dutzend Männern, darunter auch noch Schiffsjungen, wurde das größte Segelschiff seiner Zeit über Längen- und Breitengrade „geknüppelt". Im übrigen war dieser große Fünfmaster nicht besonders glücklich. Mit der Suezkanalfahrt klappte es irgendwie nicht, vielleicht war es doch nicht so wirtschaftlich, und so benutzte es die alten langen Segelschiffsrouten und in den Flauten seine Hilfsmaschine. Als der Erste Weltkrieg ausbrach, lag der Segler in Cardiff und lud Kohlen für die Westküste Südamerikas. Die Engländer beschlagnahmten den Fünfmaster und gaben ihm einen anderen Namen: „Neath". Dann schickten sie ihn unter ihrer Flagge hinaus. Auf einer Rückreise von Mauritius nach England, mit einer Zuckerladung im Bauch, lief er schon fast am Ziel dem deutschen Unterseeboot „U 66" vor die Rohre. Das ließ einen Torpedo los und versenkte die „Neath", vormals „R. C. Rickmers" . . .

Ihr seht, Freunde, jetzt wehte ein anderer Wind. Die Zeit der Klipper, jener zierlichen kleinen Vollschiffe, war endgültig vorbei. Aus war es mit den wertvollen Ladungen und den sagenhaft hohen Frachtsätzen, mit denen die Baukosten in einer einzigen Reise hereingeholt werden konnten. Die Dampfer nahmen nach und nach alle lohnenden Ladungen weg. Den Segelschiffen blieb nur ein bescheidener Rest und das, womit man sich nicht so zu beeilen brauchte. Die Windjammer verwandelten sich also zwangsläufig wieder in das, was sie einmal gewesen waren, nämlich in große und bauchige Lastenschlepper, die soviel davontrugen, wie sie nur kriegen konnten. Sie beförderten nun Massengüter wie Salpeter, Weizen, Reis, Kohle, Phosphate und vielleicht auch einmal Stückgut, wenn es sich so ergab und ohne sich zu überstürzen.

Das große Segelschiff wiederum setzte ein anderes Baumaterial voraus, und so ging man allmählich vom Holz zum Eisen- oder Stahlschiffbau über. Schon die letzten beiden Spitzenklipper, die „Cutty Sark" und die „Thermopylae", waren eine Art von Zwischenlösung gewesen, nämlich Compositbauten. Bei den Compositbauten legte sich die hölzerne Bordwand über ein eisernes Spantengerippe, das dem Ganzen eine größere Festigkeit verlieh. Schließlich baute man die großen Windjammer nur noch aus Stahl, und jene kurze Zeitspanne zwischen 1880 und 1910 wurde mehr oder weniger zur Blütezeit der eisernen Segelschiffe schlechthin. Beim Bau von eisernen Segelschiffen führten wieder die Engländer. Die Deutschen kamen wie immer hinterher, setzten dann aber die Welt mit gewaltigen Spitzenschiffen in Erstaunen.

Mit dem stählernen Schiffsrumpf änderte sich auch die Takelage und wurde schwerer. Die Masten waren wegen ihrer Höhe zwar schon immer zwei- und dreigeteilt. Untermast, Marsstenge und Bramstenge saßen wie mit Schellen verbunden übereinander. Nun wurden die Untermasten hohle Stahlröhren, die unteren Rahen ebenfalls. Die unteren Rahen haben einen Durchmesser von etwa einem Meter, man kann darauf liegen, und die Großrah ist beispielsweise 30 Meter lang. Ganz Verwegene laufen mit ausgebreiteten Armen auf ihr entlang, bis ein Donnerwetter sie zur Ordnung ruft; denn es gibt eine eiserne Segelschiffsregel, die lautet: Eine Hand für dich und eine für das Schiff! Mit anderen Worten: Halt dich fest!

Sogar der Schnitt der Segel wurde ein anderer. Waren die ersten Segel locker gebauschte Ballons gewesen, so wurden sie auf den Klippern steif wie ein Brett getrimmt, um sich in unseren Tagen wieder der bauchigen Kurvenform zu nähern. Und dann — je größer ein Segelschiff, um so mehr Segelfläche kann es führen. Die letzten Vollschiffe unserer Tage hatten etwa 2500 bis 3000 Quadratmeter, eine Viermastbark gar 3000 bis 4000 Quadratmeter. Die Fünfmastbark „R. C. Rickmers" fuhr eine Segelfläche von der Größe eines Fabrikgeländes, nämlich volle 6035 Quadratmeter, und bewegte damit 8000 Tonnen Ladung von der Stelle.

Noch etwas veränderte sich, aber im umgekehrten Verhältnis: die Besatzungsstärken. Diese werden immer kleiner. Das fast winzig anmutende Klipperschiff hat noch 80 bis 100 Mann Besatzung, der Riese „R. C. Rickmers" wird dagegen nur noch von 48 Mann bedient. Natürlich hatte man in der Zwischen-

Die „R. C. Rickmers" in natürlicher Größe

zeit einige Verbesserungen eingeführt. Die Segel wurden unterteilt und ließen sich leichter festmachen. Es gab Braßwinden, das heißt Seiltrommeln, mit denen man die Brassen durchholte, statt der altertümlichen Taljereepen moderne Spannschrauben und einiges mehr. Das alles war jedoch nicht entstanden, um die Knochenarbeit zu erleichtern, sondern um Arbeitskräfte einzusparen. Keinen Mann zuviel an Bord!

Um 1890 hatte eine mittlere Viermastbark noch 44 Mann, zwanzig Jahre später nur noch zwei Dutzend, wenn es hoch kam, und im Jahre 1921 fuhr die Viermastbark „Lawhill", sage und schreibe, mit ganzen 16 Mann vor dem Mast. Handarbeit war früher billig, und die hohen Frachtraten machten alles wieder wett. Die letzten Segelschiffsreeder konnten kaum noch die Versicherungsprämien aufbringen, nicht wenige Windjammer liefen unversichert. Sie waren ohnehin schon abgeschrieben. Aber in den paar Händen, die an Bord noch übrigblieben, drängte sich die ganze Mehrarbeit zusammen. Wenn man das alles abwägt und die nicht zu widerlegenden Zahlen betrachtet, sieht man die Gedankenlosigkeit des Sprichwortes „Eiserne Matrosen auf hölzernen Schiffen, hölzerne Matrosen auf eisernen Schiffen". Der Vergleich hinkt nicht nur, er ist ein unsinniges Wortspiel.

In den dreißiger Jahren des vorigen Jahrhunderts gründete ein Schiffbaumeister Rickmer Clasen Rickmers im damaligen Geestemünde, heute Bremerhaven, eine noch heute existierende

Werft, die gute Windjammer baute. Sie nahm schließlich Schiffe in eigene Hand und wurde zusätzlich Reederei, die später vor allem in der indischen Reisfahrt anzutreffen war. Das fügte sich um so besser, weil die gleiche Familie, Werft und Reederei, zu allem anderen auch noch Reismühlen besaß. Ihre Hausflagge zeigte ein schwarzes R über den Helgoländer Farben Grün-Weiß-Rot. Von dort war Rickmer Clasen Rickmers einmal gekommen.

Die Rickmersschen Windjammer waren außenbords grün gestrichen, was sich sehr hübsch ausnahm und ihnen unter Fahrensleuten den Ulknamen „Blattläuse" einbrachte, genauso wie man die hellgrau gestrichenen Segler der Bremer Reederei Gildemeister & Ries die „Bremer Esel" nannte. Rickmers war schon im Teegeschäft anzutreffen gewesen, und eine „Etha Rickmers" soll 1867 für rund 5 Pfund Sterling pro Tonne 2000 Tonnen Tee von China nach New York gebracht haben.

Die Reederei hatte schon eine ganze Reihe von heute fast vergessenen hölzernen Seglern in Fahrt gehabt, als die Werft 1894 ihr das erste Stahlschiff baute, die Viermastbark „Albert Rickmers" (2581 BRT). Diese war nicht ganz so groß wie das Viermastvollschiff „Peter Rickmers" (2996 BRT), das einzige Viermastvollschiff unter deutscher Flagge überhaupt und aus Holz dazu. Der einzigartige Windjammer strandete 1908 auf Fire Island vor New York und wurde von Sturm und Brandung kurz und klein geschlagen. Die Vorliebe für extravagante Takelungen sprach auch aus der darauf folgenden Fünfmastbark „R. C. Rickmers", übrigens schon das dritte Schiff dieses Namens. Die Rickmers-Schiffe bevorzugten Rundreisen, wie wir sie bereits kennengelernt haben. Mit Stückgut oder im Ballast (leer) nach New York, von dort mit Kanisterpetroleum nach Rangun, Saigon oder Bangkok, und von Indien zurück mit Reis zur Weser.

Aber das Unglück schlief auch hier nicht. 1894 strandete die „Elisabeth Rickmers" an der jütländischen Küste, und ein Jahr später ging die hölzerne Bark „Paul Rickmers" auf einem

Korallenriff in der Südsee verloren. Unerklärliche Verluste traten ein. Es hatte schon einmal eine Fünfmastbark gegeben, die 3822 BRT große und 1892 in England gebaute „Marie Rickmers". Diese war ebenfalls mit einer Hilfsdampfmaschine ausgerüstet, wenn auch nur von 720 Pferdekräften. Sie ist von ihrer Jungfernfahrt nie zurückgekehrt. In Singapur verstarb der Kapitän, und der Erste Steuermann übernahm das Kom-

Bark „Mabel Rickmers" in Philadelphia

mando. Die „Marie Rickmers" war mit einer Ladung von 56700 Sack Reis von Saigon nach der Weser unterwegs. Am 24. Juli 1892 wurde sie in der Sundastraße zuletzt gesichtet, von da an verliert sich ihre Spur im Indischen Ozean. Man nimmt an, daß sie gekentert ist.

Zehn Jahre später, fast auf den Tag genau, am 20. April 1902, passierte unter gleichen Umständen der Viermaster

„Paul Rickmers“ (II) die Sundastraße. Auch dieser Windjammer verschwand spurlos, ohne daß man es sich zu erklären wußte. Das gleiche Schicksal erlitt 1904 die „Robert Rickmers“ auf der Überfahrt von Philadelphia nach Japan. Solche unerklärlichen Verluste erscheinen auf den ersten Blick mysteriös. Man könnte abergläubisch werden und an die „Melanope“ denken, jenes scheinbar verhexte Segelschiff, das zwar nicht unterging, dafür aber noch mit fünfundsiebzig Jahren in kanadischen Gewässern zu sehen war. Die Geschichte könnte auch „Der Fluch der alten Äpfelfrau“ heißen. Freunde, hört zu!

An einem schönen Herbsttag des Jahres 1876 trat die englische Bark „Melanope“ der Reederei Potter & Company von Liverpool ihre Jungfernreise an. Das neue Segelschiff stand unter dem Kommando von Kapitän Watson, war mit Stückgut beladen, fuhr auch Passagiere und war nach Australien bestimmt. Kurz nach Antritt der Ausreise, der Schlepper wollte eben die Trosse loswerfen, entdeckte man eine alte Frau, die den Passagieren Äpfel verkaufte. Niemand vermochte zu sagen, wie sie an Bord gekommen war. Kapitän Watson befahl ihr barsch, sofort das Schiff zu verlassen. Das versetzte die, wie es heißt, hexenähnliche Alte in eine derartige Wut, daß sie ihn mit furchtbaren und unflätigen Schimpfworten überschüttete und in ihrer Rage von drei kräftigen Seeleuten überwältigt und von Bord gegeben werden mußte. Worüber sich jedermann zu amüsieren schien. Aber noch vom Deck des Schleppers aus schüttelte die Alte ihre Faust und schrie mit schriller Stimme: „Ich verfluche dich, Schiff ‚Melanope‘, solange du die Meere befährst . . .!“

Die Alte sollte nicht umsonst das Unglück beschworen haben. Auf dieser Reise verlor die „Melanope“ im Sturm alle drei Masten. Der Fluch wich nicht von ihr und nahm bisweilen tragikomische Folgen an. So entlief der Kapitän mit einem Fahrgast, einer indischen Prinzessin, die sich während und nach der langen Überfahrt, mit Verlaub gesagt, zu Tode soff. Das verdüsterte das Gemüt des Kapitäns derart, daß er über Bord sprang, wo schon die Haifische auf ihn warteten. Der Erste Steuermann übernahm die Führung des Seglers, der später in San Franzisko auftauchte, merkwürdigerweise ohne einen Cent in der Schiffskasse. Um die Forderungen der abmusternden Seeleute zu befriedigen, wurde das Schiff verkauft. Einer der Matrosen gab an, er hätte den Steuermann beim Zählen von Goldstücken überrascht, die aus dem Nachlaß des ertrunkenen Kapitäns stammen müßten. Aber die Schiffskasse war leer.

An einem Dezembermorgen des Jahres 1906 wude die „Melanope" an der amerikanischen Westküste als treibendes Wrack gesichtet. Der Schiffskörper war mit einer Rostschicht bedeckt, die Takelage hing in Fetzen herunter. Der Windjammer hatte schwere Schlagseite. Mit Ausnahme eines fast verhungerten kleinen Hundes befand sich kein lebendes Wesen mehr an Bord. Das havarierte Schiff war von seiner Besatzung verlassen worden.

Die „Melanope", vielmehr das, was von ihr übriggeblieben war, konnte eingeschleppt werden und kam, so wie sie war, unter den Hammer. Die sie ersteigerten, stutzten ihr die Flügel, dann ließen sie das abgetakelte Schiff als Leichter laufen. Als solcher tat es noch lange Jahre Dienst.

Eine andere deutsche Schiffswerft, die sich im Segelschiffsbau einen Namen machte, war Joh. C. Tecklenborg, 1841 in Bremerhaven-Geestemünde gegründet. Der Volksmund hat über sie etwas holperig gereimt: „Kaptein, sei unbesorgt, dien Schipp is buut bi Tecklenborg." Von dieser Werft, die später auch viele Fracht- und Passagierdampfer ablieferte, existiert noch das ehemalige große Verwaltungsgebäude. Es ist heute eine Schule der Bundesmarine. Die Werft selbst wurde während der Wirtschaftskrise der zwanziger Jahre aufgelöst, aber als ich Schiffsjunge war, konnte man im repräsentativen Treppenhaus und in der Halle des Verwaltungsgebäudes noch die

Die hölzerne Bark „Rosa y Isabel",
eins der alten Laeisz-Segelschiffe

herrlichen Schiffsmodelle bewundern, darunter auch das des Hamburger Fünfmastvollschiffes „Preußen", die Perle der deutschen Windjammer. Heute ist das alles nur noch Erinnerung; denn die meisten Modelle fielen im Bremer Focke-Museum den Bomben des Zweiten Weltkriegs zum Opfer. Die „Preußen" war der Star einer im besten Sinne des Wortes weltbekannten Segelschiffsreederei, die eine ganze Reihe ihrer Schiffe bei Tecklenborg bauen ließ: die Reederei F. Laeisz.

Der eigentliche Gründer des Hauses, Ferdinand Laeisz, war ein Hamburger Hutfabrikant mit Filialen in Übersee: in Kuba, Venezuela, Brasilien, Chile und Peru. Mit dem Hute in der Hand kam man zu Anfang des 19. Jahrhunderts nicht nur durch das ganze Land, sondern auch durch die weite Welt. Die weite Welt hatte es Ferdinand Laeisz angetan. Er stieg in das Schiffahrtsgeschäft ein und erwarb zuerst 1839 eine kleine hölzerne Brigg, die er nach seinem Sohn „Carl" taufte. Von ihr und einigen anderen kleineren Seglern des Hauses sprechen heute nur noch die Historiker. Das kommt daher, weil in der Folge — zwar nicht auf einmal, aber nach und nach — alle Schiffsnamen von Laeisz mit einem P anfingen. Die Serie beginnt mit der Ende der fünfziger Jahre bei der Stülcken-Werft in Hamburg gebauten kleinen Bark „Pudel", wie Carl Laeisz seine junge Frau liebevoll zu nennen pflegte, und ein Bronzepudel steht noch heute als Wahrzeichen auf dem Dach des Laeiszschen Geschäftshauses in Hamburg. 1868 gab es schon 17 Laeisz-Segler, eine Anzahl, die sich lange Zeit nicht viel änderte. Unter ihnen gibt es kaum noch Ausnahmen, es blieb nun beim P: „Patria", „Princess", „Perle", „Papa", „Pyrmont", „Panama" und so weiter. Die Bark „Professor Koch" wurde 1869 das erste eiserne Schiff von Laeisz.

Die Welt der Schiffahrt gewöhnte sich an das P. Sie gewöhnte sich ebenfalls daran, die Windjammer von Laeisz zu den schnellsten und zuverlässigsten Segelschiffen der Welt zu zählen. Ihre virtuosen Kapitäne, denen die Seeleute vielsagende Spitznamen wie „De Düwel vun Hamburg" beilegten, verstanden es, die Windjammer mit der Genauigkeit eines Dampfers zu führen, die ständigen Winde auszunutzen und Rekordreisen zurückzulegen. Rekordreisen — wohin? Ich will es euch sagen: zur Westküste Südamerikas, zur klassischen „Westküste", über die ganze Bücher vollgeschrieben worden sind. Und immer um Kap Hoorn, um das Kap der Stürme, ja der Orkane. Und weil es dabei immer auf Biegen oder Brechen ging und der Panamakanal noch nicht gebaut war — und auch nachher segelte man weiterhin um Kap Hoorn —, mußten die Windjammer von F. Laeisz ganz besonders stark gebaut und aufs beste ausgerüstet sein. Sie waren es, aufs beste ausgestattet vom Kiel bis zum Flaggenknopf, bis in die letzte Kleinigkeit. Es waren die großen stählernen „Kap Hoorners", deren Reisen an die längst vergangenen Zeiten der amerikanischen Kalifornien-Klipper erinnerten. Die Welt begriff nicht ganz, wie sie es machten, aber sie gewöhnte sich daran, diese schweren Hamburger Windjammer die „Flying P-Liners" zu nennen, die fliegenden P-Liner.

Diese Schiffe stellten alles Bisherige auf den Kopf. Nachdem sich der schlanke Klipper wieder zum bauchigen Lastenschlepper rückentwickelt hatte, waren hier Windjammer am Werk, die beides fertigbrachten. Sie schleppten riesige Lasten in tiefen Laderäumen und waren so schnell, wie man es sich nur wünschen konnte . . .

Natürlich nahm Laeisz auch einige Überbleibsel aus dem vorigen Jahrhundert mit in die neue Zeit, so die 900-Tonnen-Barken „Pirat", „Plus" und „Pestalozzi". Doch schon 1892 baute ihm Joh. C. Tecklenborg die beiden Viermastbarken „Pisagua" und „Placilla". Die letztere „knüppelte" Kapitän Hilgendorf in der Rekordzeit von 58 Tagen vom Englischen Kanal nach Valparaiso, das heißt, er hetzte sie wie mit dem Knüppel über 9200 Seemeilen und um Kap Hoorn. 1895 lief bei Tecklenborg die 4026 BRT große Fünfmastbark „Potosi"

Die Fünfmastbark „Potosi" im Ballast,
die Untersegel sind aufgegeit

vom Stapel. Neben der späteren „Preußen“ wurde die „Potosi“, die 6100 Tonnen laden konnte, mit 16 Knoten ebenfalls eines der schnellsten Segelschiffe der Welt. Wieder ging Kapitän Hilgendorf an Bord und jagte das Schiff in 66 Tagen nach Iquique in Chile. Umgekehrt segelte sie in 56 Tagen zum Kanal zurück. Ihre schnellste Reise machte die riesige „Potosi“ in 55 Tagen vom Kanal nach Valparaiso. Sie wurde zu ihrer Zeit nur noch von der „Preußen“ übertroffen, die zeitweise 17 Knoten herausholte.

Von der „Potosi“ erzählt man sich, daß sie einmal auf der Heimreise drei Tage neben dem englischen Windjammer „Cimba“ einhersegelte. Das war bei Kap Hoorn, und beide Schiffe suchten herauszuholen, was herauszuholen war, alle Segel im Topp. Schließlich verloren sie einander aus den Augen. Als die „Cimba“ nach einer vermeintlich schnellen Reise England erreichte, erfuhr sie zu ihrer Enttäuschung, daß die „Potosi“ schon eine Woche vorher in Hamburg eingelaufen war. Ein andermal segelte die heimkehrende „Potosi“ neben einem englischen Dampfer durch den Kanal in Richtung Hamburg. Das Wetter wurde diesig, und beide Schiffe kamen außer Sicht. Am Nachmittag des zweiten Tages übernahm der englische Dampfer vor der Elbmündung den Lotsen. „Wir haben die ‚Potosi‘ gestern morgen im Kanal getroffen“, sagte der englische Kapitän beiläufig, „bei dem guten Wind dürfte sie wohl heute abend hier sein.“

Der Lotse lachte. „Heute abend?“ erwiderte er. „Das ist ein Irrtum. Die ‚Potosi‘ ist schon heute früh eingelaufen.“

Freunde, wenn wir diese Geschwindigkeiten mit denen der Yankeeklipper vergleichen, müssen wir vor unseren stählernen Kap Hoornern den Hut ziehen. Trotz ihrer Schwere und Größe ließen sie die Klipper noch um Haaresbreite hinter sich.

Geestemünde und Hamburg lieferten abwechselnd F. Laeisz die schönsten Windjammer. Es ist unmöglich, alle zu nennen, aber eine kleine Auslese. Von Tecklenborg kamen u. a. die Vollschiffe „Parchim“ (umbenannt in „Palmyra“) 1889 und

Dänische Brigantine, etwa 1850/60
Barkentine unter deutscher Flagge, nach 1870

1890 „Pera". 1903 folgte die Viermastbark „Pangani". Nach der Jahrhundertwende entstand auf der Werft Blohm & Voss eine ganze Serie von Viermastbarken: die „Petschili" (1903), „Pamir" (1905), „Passat" (1911), ferner „Pola" und „Priwall" (1919). Laeisz hielt noch sehr lange an der Segelschiffahrt fest. Selbst als alles zu Ende geht und er auf Kühlschiffe zum Bananentransport umschaltet, behält er noch zwei Windjammer bei.

Wie schon erwähnt, stand in der Halle des Tecklenborg-Gebäudes ein Modell, das uns besonders anzog. Es war das Fünfmastvollschiff „Preußen", das einzige Fünfmastvollschiff, das je die Meere befuhr. Nach den Vorstellungen des bekanntesten deutschen Segelschiffskapitäns Robert Hilgendorf gebaut und von dem ebenso bekannten Schiffskonstrukteur Georg W. Clausen entworfen, war es 1902 bei Joh. C. Tecklenborg zu Wasser gekommen. Die „Preußen" beeindruckte ebenso durch die Schönheit ihrer Linien wie durch ihre für ein Segelschiff gewaltigen Abmessungen. Sie war 133,5 Meter lang und 16,4 Meter breit. Vollbeladen lag sie 8,2 Meter tief im Wasser. Ihr Großmast war 57 Meter hoch, die Segelfläche betrug 5 560 Quadratmeter.

Diese riesige Masse Schiff konnte nicht mehr durch bloße Handkraft gesteuert werden. Wenn der Durchmesser eines Steuerrades bald zwei Meter beträgt und es geht hart auf hart, ist mit der Hand nicht mehr viel zu machen. Deshalb bekam die „Preußen" eine Rudermaschine eingebaut. Wohlgemerkt, eine kleine Maschine für das Steuerruder, keine Antriebsmaschine. Ihre schnellste Reise machte die „Preußen" in 57 Tagen vom Kanalausgang nach Iquique, ein Rekord, der auch nicht von der ebenfalls von Clausen entworfenen „Potosi" unterboten wurde, da Iquique 850 Seemeilen weiter entfernt ist als das von der „Potosi" in 55 Tagen erreichte Valparaiso. Wenn auch die „Preußen" nicht nur nach der Westküste gesegelt ist, sondern auch rund um die Welt, so blieben doch die chilenischen Häfen ihre vorwiegenden Ziele. Mit der Regelmäßigkeit von

Das Fünfmastvollschiff „Preußen"

Liniendampfern eilten „Preußen" (Kapt. Boy Petersen und Hinrich Nissen) und „Potosi" (Kapt. Robert Hilgendorf, Nissen, Schlüter, J. Frömcke und Robert Miethe) hin und her, unter dem Kommando von erstklassigen Schiffsführern und in beiden Fällen von nur 48 Mann bedient — die ihren ehemaligen Herren und Meistern innerlich noch heute verbunden sind.

Nur ganz wenige Yankeeklipper sind schneller als diese beiden deutschen Schwerwettersegler gewesen, wohingegen die besten Tagesleistungen der Teeklipper nicht an die von „Preußen" und „Potosi" heranreichen. Andererseits ist die „Preußen" mit einem Glanz des „größten Segelschiffes der Welt" umgeben, der selbst von Fachleuten bestritten wird. So schreibt auch im „Albatros" (4/1959), dem Blatt des Freundschaftsbundes der letzten Kap-Hoorn-Fahrer, Helmut Matthaei: „... zu keiner Zeit war sie — trotz häufiger gegenteiliger Behauptungen — der größte Segler der Welt, wohl aber der größte deutsche Rahsegler ohne Hilfsmaschine." Und damit trifft er den Nagel auf den Kopf; denn es ist die Hilfsmaschine, an der sich der ganze Streit entzündet und deretwegen die Oldtimer der „R. C. Rickmers" am liebsten den Segelschiffscharakter abgesprochen hätten.

Wenn wir jedoch den kleinen Hilfsantrieb so schwerwiegend ankreiden, müssen wir auch die meisten heutigen Segelschulschiffe disqualifizieren — einschließlich „Pamir" und „Passat" und der „Gorch Fock" der Bundesmarine. Denn alle diese Segelschiffe haben Hilfsmotoren, um möglichst ohne Schlepper im Hafen manövrieren zu können und um notfalls ihren Zeitplan einzuhalten. In der Hauptsache aber wird gesegelt — und manchmal segelt man sich auch um Kopf und Kragen. Lassen wir also die kleine Hilfsmaschine gelten und betrachten, so gesehen, einmal die größten Segelschiffe der Welt.

Das größte Segelschiff der Welt war trotz seiner sechs Masten nicht vollgetakelt, ja nicht einmal ein Rahsegler, vielmehr einer jener riesigen Gaffelschoner, wie man sie an der Küste der USA zu segeln pflegte. Es war der 1908 in Belfast vom Stapel gelaufene Sechsmastschoner „Navahoe", dessen Tonnage mit 7718 BRT angegeben wird. Machen wir uns seine Größe lieber an den Abmessungen klar: Länge 137,2 Meter, Breite 17,7 Meter und 9,45 Meter Tiefgang. Er gehörte der Anglo-American Oil Company, die ihn später in einen Leichter umwandeln und schleppen ließ. Nach 1922 hört man nichts mehr von der „Navahoe".

An zweiter Stelle der Größenordnung steht die in Rouen registrierte französische Fünfmastbark „France II". Sie wurde 1912 in Bordeaux für die Segelschiffsreederei A. D. Bordes & Fils gebaut — sozusagen für das französische Gegenstück von F. Laeisz, um einen Vergleich zu haben. Die Fünfmastbark war zu 5633 BRT vermessen (vorübergehend motorisiert) und ebenfalls ein ungewöhnlich schnelles Schiff, das bis zu 17 Knoten herausholte. Sie verkehrte in der Regel zwischen dem Mutterland, seiner Kolonie Neukaledonien und Neuseeland.

Im Juli 1922 strandete die „France II“ von Noumea, Neukaledonien, und fand dort ihr Ende.

Als drittes in der Reihe der größten Segelschiffe der Welt folgt die erwähnte „R. C. Rickmers“ der Rickmers Reismühlen-, Rhederei- und Schiffbau AG. Diese Fünfmastbark, der dritte Windjammer gleichen Namens, war mit einer Tonnage von 5 548 BRT und seinen Abmessungen wirklich das größte Segelschiff seiner Zeit, wenn wir den Streit um die Hilfsmaschine begraben.

Das vierte ganz große Segelschiff ist wieder ein Gaffelschoner, der als einziges Segelschiff der Welt sieben (!) Masten hatte. Es handelt sich um den 1902 in Quincy, Mass. entstandenen Siebenmast-Gaffelschoner „Thomas W. Lawson“. Zu 5 218 BRT vermessen, war er noch immer größer als die beiden deutschen Spitzenschiffe, wenn auch seine Maße sich kaum von denen der „Preußen“ unterscheiden. Mit den Namen der sieben Masten wurde es schwierig, da die vorhandenen seemännischen Bezeichnungen für sieben nicht ausreichten. Es hieß, daß die praktischen Amerikaner sie einfach von 1 bis 7 numeriert hätten, was ganz plausibel klingt, nach einer anderen Aussage hat man sie mit den Namen der sieben Wochentage bedacht. Ich selber habe es in den USA noch anders gehört. Demnach hießen sie Fore-, Main-, Mizzen-, Spanker-, Jigger-, Push- und Pullmast. Wie auch immer, mit der „Thomas W. Lawson“ versuchte man anscheinend, die Wirtschaftlichkeit übergroßer Schoner zu testen. Handarbeit war weitgehend mechanisiert, auch die Segel wurden maschinell gesetzt, so daß ganze 16 Mann Besatzung ausreichten. Ob man sich am Ende doch geirrt hatte oder nicht, jedenfalls fuhr das große Schiff nach wenigen Jahren als Leichter im Schlepp an der amerikanischen Küste entlang. 1907 schickte man die „Thomas W. Lawson“ wieder auf große Fahrt nach Europa. Das ging nicht gut; denn auf dieser Reise strandete der Siebenmaster bei den Scilly-Inseln, wobei die gesamte Besatzung bis auf zwei Mann und der Lotse umkamen.

Fünfmastbark „Kopenhagen“ — verschollen mit Mann und Maus

Rein größenmäßig ziehen also „Preußen“ (5081 BRT) und „Potosi“ (4026 BRT) hinterher, wenn sie auch im Segeln allen anderen voraus waren ...

Diese berühmten Windjammer gibt es heute in Modellbaukästen zu kaufen. Sie sind vorgefertigt, und ihr braucht bloß die Stücke zusammenzukleben, die „Preußen“ und die „Potosi“, die „Cutty Sark“ und die „Flying Cloud“, und ihr seid dann ebenso gut dran wie Karl Meier mit seinem Fünfmaster in der guten Stube. Allerdings ohne die Erinnerungen, die damit verbunden sind und ihren wahren Wert ausmachen, Freunde! In diesem Zusammenhang muß ich auch an ein letztes und siebentes der größten Segelschiffe der Welt denken, an die dänische „Kopenhagen“.

Keines der größten Segelschiffe hatte weniger als fünf Masten, eines sechs und ein anderes sogar sieben, und so war auch die „Kopenhagen" eine Fünfmastbark. Obwohl schon 1914 auf einer englischen Werft vom Stapel gelassen, wurde das 3901 BRT große Schiff infolge des Ersten Weltkriegs erst 1921 an den dänischen Besteller übergeben: die Ostasiatische Kompagnie in Kopenhagen. Der schöne Windjammer war mit einem Hilfsmotor von 500 PS ausgestattet und diente als Schulschiff in großer Fahrt. Am 14. Dezember 1928 verließ die Fünfmastbark den südamerikanischen Hafen Montevideo und nahm Kurs nach Australien. Acht Tage später, am 22. Dezember, wurde sie noch einmal von einem norwegischen Dampfer gesprochen und gemeldet. Danach hat man nie wieder etwas von ihr gehört. Das heißt — die Bewohner von Tristan da Cunha, einer einsamen Insel im Südatlantik am Wege nach Australien, wollen bei nebeligem Wetter den Schatten eines großen Fünfmasters gesehen haben. Man nimmt an, daß es die „Kopenhagen" gewesen ist . . .

Auch mir ist sie einmal begegnet. Die „Kopenhagen" war mit Sojabohnen von Wladiwostok nach Stettin gekommen und löschte ihre Ladung bei den Stettiner Ölwerken an der Oder. Ich selbst, ein Junge noch, stand am Kai und starrte zu den himmelhohen Masten hinauf, die meine kühnste Phantasie überstiegen, und träumte von der weiten Welt und hatte Sehnsucht mitzufahren. Heute ist das alles vorbei. Heimathafen Stettin und die Ölwerke, Jugend und Schiff existieren nicht mehr, und alles, was zurückblieb, ist der unbestimmte Schatten eines Windjammers in der Erinnerung, wie ihn die Bewohner von Tristan da Cunha gesehen haben wollen.

Auf zur Westküste!

Ich weiß eine friedliche Stelle
im schweigenden Ozean,
kristallhell schäumet die Welle
zum Felsengestade hinan.

Im Hafen erblickst du kein Segel,
keines Menschen Fußtritt am Strand,
viel tausend reinliche Vögel
hüten das einsame Land.

Sie sitzen in frommer Beschauung,
kein einz'ger versäumt seine Pflicht,
gesegnet sei ihre Verdauung
und flüssig wie ein Gedicht.

Die Vögel sind all' Philosophen,
ihr oberster Grundsatz gebeut:
Den Leib halt allezeit offen,
und alles andre gedeiht.

Was die Väter geräuschlos begonnen,
die Enkel vollenden das Werk,
geläutert von tropischen Sonnen
schon türmt es empor sich zum Berg.

Als der Dichter Josef Victor von Scheffel 1854 in fröhlicher Laune das „Guanolied“ zu Papier brachte, besang er damit (nach der Melodie „Ich weiß nicht, was soll es bedeuten“) auf romantische Weise alltägliche Vorgänge, bei denen sich feine Leute meistens die Nase zuhalten. Denn hier ist von Vogelmist die Rede, von einem Nährstoff für den Acker, der alljährlich aufs neue gedüngt werden muß. Zu den gebräuchlichsten Handelsdüngern gehörten früher der phosphorsaure Guano und der stickstoffhaltige Chilesalpeter. Beide wurden aus dem westlichen Südamerika nach Europa eingeführt und bildeten die Grundlage für einen lebhaften Güteraustausch mit der „Westküste“. Ganzen Segelschiffsflotten aus aller Herren Länder boten sie Beschäftigung.

Der Guano ist ein Verwitterungsprodukt aus dem Kot und den Leichen von Seevögeln. Er findet sich vor allem auf den felsigen, regenarmen Chincha-Inseln vor der Küste von Peru. Hier hat er sich in Jahrtausenden in meterhohen Schichten abgelagert. Schon die Inkas düngten mit Guano, später geriet er in Vergessenheit. Erst als der deutsche Chemiker Justus von Liebig ihn wiederentdeckte, kam er in Mode, und vorbei war es mit dem „Im Hafen erblickst du kein Segel, keines Menschen Fußtritt am Strand“. Der kostbare Stoff wurde mit Pickel und Schaufel losgebrochen, im Tagebau abgetragen und den Segelschiffen meist lose in den Raum geschüttet. Der Gestank, die trockene Hitze und die damit verbundenen Staubwolken sind für die Seeleute eine Tortur gewesen. Als der Abbau des Guanos in Raubbau auszuarten drohte, wurde er von der peruanischen Regierung begrenzt und überwiegend der eigenen Landwirtschaft vorbehalten.

Das Salpetergeschäft war eine gute Einnahmequelle für Chile, das von 1879 bis 1884 den „Salpeterkrieg“ gegen Peru und Bolivien um das Gebiet der Atacama-Wüste führte. Nach den Friedensverträgen von 1883/1884 mußten beide Staaten Gebiete an Chile abtreten, das dadurch in den Alleinbesitz der reichen Salpeterlager gelangte.

Aus den Salpeterminen des öden chilenischen Hinterlandes, wo man ihn ebenfalls im Tagebau gewann, kam der Salpeter mit der Bahn an die Küste herunter. Aus dem Hochplateau strömte er in die klassischen Salpeterhäfen, deren Namen man noch heute unter Kap-Hoorn-Fahrern nennt: Valparaiso und Iquique, Talcuahano und Antofagasta, Tocopilla und Pisagua; Mejillones, Caleta Buena und Corral, und wie sie alle heißen mögen, die sich trotz ihrer wohlklingenden Namen staubig und farblos gegen den Hintergrund der Gebirgsketten drücken. Den anspruchslosen Seeleuten kamen sie nach der harten Überfahrt allerdings wie El Paradiso vor.

Die Windjammer lagen damals in Scharen vor den offenen und ungeschützten Hafenplätzen auf der Reede vor Anker, der Dünung, den plötzlich einsetzenden Stürmen und den nicht seltenen Erdbeben ausgeliefert. Die Schiffe brachten anfänglich noch Stückgut, später Kohlen und Koks zur Westküste, und ihre Mannschaften waren verpflichtet, in der Ladung mitzuarbeiten. Es war unsäglich mühevoll, sich durch den Kohlendreck durchzuwühlen, bis man endlich auf dem Boden angelangt war und es leichter ging. Korb um Korb, vollgeschaufelt bis zum Überlaufen, hievte die kleine Ladewinde keuchend aus dem Raum, der schließlich besenrein des Salpeters harrte.

Der Salpeter wurde in Leichtern längseit gebracht, wo die Seeleute die schweren Säcke wahrnahmen und an die zwei, drei chilenischen Berufsstauer weiterreichten, die ihn kunstvoll zu einer Pyramide aufschichteten. Zwischendurch, wenn sich die Gelegenheit ergab und sie nicht abends todmüde in die Koje fielen, durften die Mannschaften auch mal an Land. Aber aus Sicherheitsgründen immer nur eine Wache, und waren sie so richtig schön im Zuge, mußten sie schon wieder an das Boot denken, das sie zu ihrem Windjammer zurückbrachte.

War der letzte Sack in Sicht, wurde das „Salpeterkreuz" aufgeheißt mit seinen jeweils zwei über Kreuz gestellten roten und grünen Laternen. Es zeigte allen im Hafen ankernden Schiffen an: Morgen früh gehen wir in See! Auf der letzten

Blick aus der Takelage
bei gutem Wetter

Schlinge, die feierlich unter Absingen eines Shantys an Bord genommen wurde, saß gewöhnlich der Schiffsjunge und hielt eine Flagge in der Hand. Zum Abschluß ließ ein guter Kapitän die Buddel kreisen, das nannte man „Besanschot an". Im weiteren Verlauf des Abends begann ein wechselseitiges Läuten der Schiffsglocken; denn das abfahrende Schiff verabschiedete sich namentlich von jedem zurückbleibenden und wurde wieder gegrüßt. Das hörte sich dann so an: „Three cheers for de Monte Rosa — hipp hurra — hurra — hurra!" Worauf der Angerufene dankte: „Three cheers for de German Woglinde — hipp hurray — hurray — hurray!" Oder je nachdem, wie sie hießen.

Und dann war es wieder einmal soweit. Vom Gebirge kam die Morgenbrise, und die Segel füllten sich. Dann hieß es: Anker auf! Homeward bound, sagten die Engländer — ab nach Hause, sagten wir.

Die Heimreisen waren zweifellos der bessere Teil. Mit den vorherrschenden Westwinden kam man schnell um Kap Hoorn herum, die Stürme warfen einen vor sich her. Umgekehrt jedoch konnte es fürchterlich sein, und einer der Gründe, weshalb den Seeleuten die doch mehr oder weniger trostlose Westküste so reizvoll erschien, war der Umstand, daß sie sich auf dem Wege dorthin buchstäblich durch die Hölle hindurchzukämpfen hatten. Es war der bloße Gegensatz. In Sicht des Landes atmeten sie wieder auf, es war das kleinere Übel.

Zur Hoorn gehörte jener Teil des Ozeans, der vom 50. Breitengrad östlich vom Kap bis zum 50. Breitengrad westlich vom Kap reichte. Hatte man Glück, brachte man es schnell hinter sich. Meistens jedoch bekam man die anhaltende Wut der Westwinde zu spüren. Zum Beispiel brauchte die damals finnische Viermastbark „Hougomont" 1923 auf einer Guanoreise nach Peru für dieses Stück volle 30 Tage, die dänische „Copley" erwischte es einmal sechs Wochen, den Engländer „Celtic Monarch" kostete es 74 Tage. Den Rekord aber hält das deutsche Vollschiff „Susanna" der Reederei G. I. H. Siemers & Co., das sich vom 19. August bis zum 26. November 1911 volle 99 Tage mit Kap Hoorn herumzuschlagen hatte. Davon 80 Tage mit Sturmstärken, die restlichen 19 dafür mit Orkan! Dabei zickzackte man einerseits gefährlich nahe ans Kap, andererseits bis südlich zur Eisgrenze, ohne indessen viel von der Stelle zu kommen. Was Wunder, daß manche aufgaben und umdrehten, ihre Schäden ausbesserten oder den Weg um das Kap der Guten Hoffnung nahmen, die ständigen Westwinde ausnutzend, anstatt wochenlang gegenanzukreuzen.

Unter dem Druck des Windes liegt das Schiff schräggeneigt

Die Strapazen, denen die Seeleute dabei ausgesetzt waren, sind in unserer Zeit unvorstellbar. Die schweren eisernen

Tiefwassersegler nahmen sie bis zur Erschöpfung mit. Von den überkommenden Brechern sofort bis auf die Haut durchnäßt, hatten sie wochenlang keinen trockenen Faden mehr am Leibe. Die Augen vom Salzwasser und von zu wenig Schlaf gerötet, die Finger vom Segelbergen zerrissen und vor Kälte steif, mit langen Bartstoppeln und ungewaschen, nichts Vernünftiges im Magen, vom Rheuma geplagt, so wankten sie dahin — immer in Gefahr, über Bord gespült zu werden. Von der Koje an Deck, vom Deck in die Koje, nur noch ein Schatten ihrer selbst. Darunter Jungen von vierzehn, fünfzehn Jahren.

Die Kapitäne hatten es auf ihre Art durchaus nicht leichter. Ihre berufliche und soziale Sicherheit hing davon ab, daß sie schnelle Reisen machten. In dem ebenso einzigartigen wie schönen Buch von Dr. Jürgen Meyer „Hamburgs Segelschiffe 1795—1945" ist ein Kapitänskontrakt vom 1. Juni 1909 abgedruckt, der für sich spricht. Der Kapitän übernahm dort die Führung des Vollschiffes „Melete" gegen eine Monatsgage von 100 (einhundert) Mark sowie 2½ Prozent der Brutto-Frachten nach Abzug der Maklergebühren. Er mußte also auf Teufel komm raus fahren, um zu Geld zu kommen. Dabei behielt sich, wie es dort schwarz auf weiß steht, „die Rhederei das Recht vor, den Kapitän zu entlassen, wann und wo es ihr gefällt, ohne Angabe des Grundes und ohne Verbindlichkeit zur Rückbeförderung vom Auslande ... und hat derselbe ohne Widerspruch vom Kommando zurückzutreten". Mit anderen Worten, der Schiffseigner konnte seinen Kapitän jederzeit irgendwo in der weiten Welt hinauswerfen, und der Betroffene, sich selbst überlassen, konnte sehen, wie er nach Hause kam. Stark vereinfacht hieß das, der Kapitän segelte zwischen dem Druck, seine Stellung zu halten, und dem fürchterlichen Kap Hoorn.

So hatten beide Seiten an Bord ihr Päckchen zu tragen. Die Leute „vor dem Mast" und ihr Herr und Meister, dem die Faust im Nacken saß, in der Plüschmöbelherrlichkeit seines „Salons" zwischen dem kalten Kachelofen, dem Riesenspiegel an der Wand und der Hängelampe unter dem Oberlicht, die als einzige senkrecht hängen blieb, während alles um sie herum wie toll schwankte ...

Eine präzise Schilderung einer Kap-Hoorn-Umseglung gab Franz Graf Larisch-Moennich, ein bekannter Meeresfotograf, der mehrere Segelschiffsreisen mitmachte und mit beruflichem Scharfblick notierte:

... Am sechzigsten Tag unserer Reise überschritten wir den 50. Grad Südbreite und erreichten die Kap-Hoorn-Region. Während das Wetter die vorhergegangenen Tage hindurch ziemlich gut gewesen war, trat sofort auf der Höhe der Magellan-Straße die für jene Gegend charakteristische Änderung ein. Aus meinem Tagebuch entnehme ich, daß von 24 Tagen, die wir dort verbrachten, nur zwei verzeichnet sind mit einer geringeren Windstärke als 6 bis 7. Dagegen haben wir neunmal Windstärke 11 notiert. Schwerer, bleigrauer Himmel, große Kälte, selbst in der Zeit der langen Tage, Regen- und Schneeböen, Sturm und hohe See, das sind die täglichen Erscheinungen in jener unwirtlichen Gegend ...

Das ist das Erstaunliche an den Stürmen der südlichen Meere, welch mächtige, phänomenale Wassermassen dabei in Bewegung gesetzt werden. Von Wellen kann man gar nicht mehr sprechen; es sind gewaltige Wellenberge, auf deren Rücken hoch oben das Schiff zu schwindelnder Höhe hinaufsteigt, um dann in die ungeheuer langen, weißen, sturmgepeitschten Täler hinabzusausen ...

Schwere Seen brachen über das Großdeck, und dieses stand zuweilen bis an das massive Schanzkleid hinauf voll Wasser. Die Kombüse mußte vom Koch geräumt werden, da das Wasser zeitweilig bis an die Decke stand. Im Mannschaftslogis war alles überschwemmt; die Leute standen bis an die Knie im Wasser und mußten sich und ihre Habseligkeiten in die oberen Kojen retten ...

Dreißig Stunden raste nun der Sturm mit furchtbarer Gewalt, und wir sehnten uns danach, daß es endlich besser werden

In rauher See!
Wasser an Deck bei Kap Hoorn

möge. Allein, was wir kaum für möglich gehalten hätten, das geschah: wir sollten das Schlimmste erst noch erleben.

Der Kapitän und ich waren eben wieder an Deck gekommen, als gegen zwei Uhr nachmittags der Sturm plötzlich merklich nachzulassen schien. Zwischen einzelnen starken Böen wurde es oft sekundenlang fast still. Und dann mit einem Mal drehte der Wind um drei Striche nach West, und in wenigen Augenblicken wuchs er zu einer geradezu grauenerregenden Gewalt an, die alles bisher Dagewesene noch weit übertraf. Durch drei Stunden wehte aus West voller Orkan, Windstärke 12! Von Stärke des Sturmes war nicht mehr zu reden; es war Wut, volle entfesselte Wut ungeheurer gigantischer Gewalten. In wenigen Augenblicken gingen alle drei Untermarssegel in Fransen zerrissen über Bord. Die Masten bogen sich, als wollten sie jeden Augenblick brechen. Die rollende Bewegung des Schiffes war beinahe ganz aufgehoben, zitternd und bebend in allen Fugen, *wurde es durch die unerhörte Gewalt des Orkans platt auf die See gedrückt. Das Schiff trieb mit großer Geschwindigkeit querab, daß das ganze Verdeck fast bis an die Luvschanzkleidung unter Wasser stand und es den Anschein hatte, als ob es sich nie wieder werde aufrichten können.*

Die See war nur eine einzige weiße, tobende Masse. Unter dem furchtbaren Druck des Orkans brachen die Kämme der Wogen nicht mehr über, sondern wurden als schäumender Gischt waagerecht davongeweht, alles in einen einzigen weißen, undurchdringlichen Schleier hüllend. Man konnte kaum eine halbe Schiffslänge weit sehen. Das Gebrüll des Orkans und das Toben der See spotteten jeder Beschreibung; es heult und pfeift, es braust und zischt in den Höhen und Tiefen in sinnverwirrender Weise. Ich lag dicht neben dem Kapitän und versuchte, mit meinem Mund unmittelbar an seinem Ohr, mit aller Lungenkraft schreiend, ihm ein Wort zu sagen, ohne daß er einen Ton gehört hätte. Wir hätten uns nicht erheben oder uns rühren können, selbst wenn wir gewollt hätten. Wir fühlten

Schwerer Sturm, die See schäumt,
die letzten Segel werden festgemacht

uns mit entsetzlicher Kraft auf den Boden gedrückt und festgehalten.

Es war grauenerregend, und ich glaube, man hätte sich fürchten können, wenn man durch die vorhergegangenen Tage und Stunden nicht schon abgestumpft gewesen wäre . . .

Solche Beispiele kann man dutzendweise anführen. Sie kreisen alle um den Kampf der großen stählernen Windjammer gegen die entfesselten Elemente und laufen alle auf das gleiche hinaus. Es kam, bildlich gesprochen, immer wieder darauf an, wer den längeren Atem hatte, und den längeren Atem hatten in den überwiegenden Fällen doch wohl die Menschen auf den Schiffen und nicht der Sturm. Denn sonst hätten die Seeleute nicht immer wieder ihr Leben in die Schanze geschlagen — scheinbar für nichts und wieder nichts. Sie taten es nicht großen Lohnes wegen, der war gering genug angesichts aller Gefahr und Strapazen, wohl aber weil es in der Eigenart eines Berufes lag, den sie trotz aller Widerwärtigkeiten nun einmal liebten. Das ist der Schlüssel, wenn man nach dem Warum fragt.

Dabei halfen ihnen die Schiffe unter ihren Füßen, mit denen sich schon eine Menge anfangen ließ. Das waren andere Fahrzeuge als die Fregatten von vor zweihundert Jahren. Jetzt waren es die schönsten, größten und stärksten Segelschiffe, die es jemals gegeben hatte. In diesen wenigen Jahrzehnten kam es noch einmal zu einer Art Renaissance der Windjammer, zu einer Wiedergeburt des Segels, ehe sich die Waage endgültig zugunsten des Dampfers neigte. Der Transport von Massengütern war ihnen verblieben, zumal sie weniger Unkosten hatten als die Dampfer mit ihren teuren Maschinen und dem noch immer hohen Kohleverbrauch, der obendrein beträchtlichen Laderaum fortnahm. Und zumal sie mit der Windkraft über schier unbegrenzte Reichweiten verfügten im Gegensatz zu den Dampfern, die unterwegs immer noch bunkern mußten. Indessen wurden auch die Dampfer immer besser und billiger.

Das Ende vom Lied:
Vollschiff „Pinnas“ treibt entmastet bei Kap Hoorn

Vom Jahre 1881 an begann Frankreich seine Schiffahrt, und vor allem seine Segelschiffahrt, durch hohe Staatszuschüsse zu begünstigen. Diese Zuschüsse kamen den in Frankreich gebauten und unter französischer Flagge segelnden Windjammern gerade recht und wurden pro Tonne und zurückgelegte Seemeilen gegeben. Die französischen Reeder wurden dadurch angeregt, noch mehr und größere Segelschiffe bauen zu lassen und in Fahrt zu setzen. Unter der Trikolore gab es schon und entstanden noch mehr großartige und blitzsaubere Windjammer, wie beispielsweise die der Reederei A. D. Bordes & Fils. Man erkannte sie von fern an ihrem hellgrauen Anstrich und an den seitlich aufgemalten Geschützpforten, die an die Zeit der Fregatten erinnerten und den Sinn der Franzosen für das Dekorative betonten. Einer der letzten Cap Horniers, der Kapitän Peter Firmenich, bemerkt dazu:

„Begonnen hatte ich meine seemännische Laufbahn auf einer norwegischen Bark. Durch Zufall lernte ich dann später in den Commercial Rooms (ehemals sehr bekannte Gaststätte an Hamburgs Wasserfront) den französischen Kapitän Castex kennen, dessen Viermastbark ‚Champigny' im Hafen lag. Im Laufe der Unterhaltung schlug er mir vor, zu ihm als ‚apprentice' (Offiziersanwärter) an Bord zu kommen, wozu ich begeistert ja sagte. Eineinhalb Jahre war ich dann auf diesem Schiff und nachher nochmals ein Jahr auf der ‚Versailles' der gleichen Reederei." Er erzählt dann, daß er eine blaue Uniform mit Goldknöpfen der Reederei und eine entsprechende Mütze als Landgangsanzug bekam und dazu weiße Wäsche mit Kragen und schwarzem Binder zu tragen hatte. Auf deutschen Schiffen habe man sich später an diesen Äußerlichkeiten gestoßen und sie als unangebracht empfunden, aber „arbeitsmäßig konnte mir keiner etwas vormachen, dazu war die Ausbildung auf den französischen Schiffen zu gründlich gewesen."

Die Unterstützung, welche die französische Regierung ihrer Schiffahrt gewährte, bedeutete praktisch, daß sie sich auf den Weltmeeren gegen Dampf und Tod und Teufel konkurrenzlos billig durchsetzen und für noch so niedrige Frachtraten fahren konnten. Selbst wenn sie im Ballast segelten, verdienten sie noch. Da war für andere Flaggen kein Geschäft mehr zu machen. In England sah man zuerst das Aussichtslose der Lage ein und verkaufte einen Windjammer nach dem anderen „für 'nen Appel und 'n Ei". Es lohnte sich nicht mehr. Seit dieser Zeit ging es mit den Windjammern rapide bergab.

Das Jahr 1910 war insofern bemerkenswert, als es das Ende des größten quergetakelten Segelschiffes der Welt brachte, des Fünfmastvollschiffs „Preußen" der Reederei F. Laeisz. Wir haben die „Preußen" bereits kennengelernt und wollen noch einige Daten hinzufügen. Sie hatte bei 43 Segeln eine Leinwandfläche von 5560 Quadratmeter. Ihre Großrah war 31,2 Meter lang, der Mastdurchmesser betrug 90 Zentimeter. Die

Takelage enthielt Hanf- und Stahlgut in einer Länge von 45 Kilometer . . .

Die „Preußen" hatte unter dem Kommando von Kapitän Hinrich Nissen ihren Heimathafen Hamburg am 31. Oktober 1910 zu einer neuen Westküstenreise verlassen. Der erstklassige Segler war mit Stückgut für Valparaiso beladen, darunter auch 150 Klaviere, und sollte auf der Rückreise wie üblich Salpeter nach Deutschland bringen. Außer der 48köpfigen Besatzung befanden sich noch Graf Larisch, der wieder fotografieren wollte, und ein weiterer Passagier an Bord. Das Vollschiff hatte in allen fünf Masten die Untermarssegel gesetzt und wurde von dem Hochseeschlepper „President Leeuw" zum Englischen Kanal gezogen. Man gab den Windjammern damals solche Starthilfen, um sie erst einmal aus der Deutschen Bucht und dem flachen Nordseevorfeld herauszubekommen. Am 5. November war der Kanal erreicht, wo Kapitän Nissen den Schlepper loswerfen und alle Segel setzen ließ und sich selbständig machte.

Der Wind flaute ab, und die „Preußen" bewegte sich mit nur vier Knoten Fahrt vorwärts. Dann wurde es leicht diesig, man gab Nebelsignale. Vorn auf der Back stand der Matrose Jens Hansen und hielt Ausguck. Plötzlich erschienen rechts die Positionslaternen eines Dampfers, der den Kurs der „Preußen" kreuzte. Auch die Lichter der „Preußen" brannten hell und waren gut zu sehen, so daß nach menschlichem Ermessen eigentlich nichts passieren konnte. Der Dampfer mußte dem Segelschiff aus dem Wege gehen; die „Preußen" hatte ihren Kurs beizubehalten. Wie sich später herausstellte, handelte es sich um eines der sehr schnellen Kanalfährschiffe, um die „Brighton" auf der Überfahrt von Newhaven nach Dieppe. Der Dampfer hätte einen Bogen machen und hinter dem Heck des Segelschiffs herumfahren müssen. Statt dessen steuerte er vierkant auf die „Preußen" zu. Die Minuten vergingen, ohne daß sich die Situation änderte. Das rote Licht des Dampfers glühte feurig, seine Topplampen kamen näher und näher . . .

Die „Preußen“ warnte wiederholt mit dem Nebelhorn. Noch immer änderte sich nichts, der Dampfer vertraute offenbar auf seine Geschwindigkeit und versuchte, vor dem Segelschiff vorbeizukommen. Er wurde größer und größer, schon konnte man seine Umrisse in der Dunkelheit erkennen. Kapitän Nissen ließ noch im letzten Augenblick das Ruder herumwerfen – vergeblich, das schwere Segelschiff schob sich träge voraus. In diesem Augenblick lief die „Brighton“ dem Vollschiff genau vor den Bug.

Es gab einen Ruck, der alles durcheinanderwarf, und ein durch Mark und Bein dringendes Krachen. Der Klüverbaum der „Preußen“ riß den vorderen Mast und den vorderen Schornstein des Dampfers um. Dann knickte der Klüverbaum ein, und der Steven der „Preußen“ traf die Bordwand des Dampfers, ohne allerdings größeren Schaden anzurichten. Einfach ausgedrückt: das Segelschiff hatte den Dampfer auf die Hörner genommen. Beide Schiffe waren indessen schwimmfähig geblieben und konnten sich voneinander lösen, keines brauchte die angebotene Hilfe des anderen. Bisher war es noch immer eine mittelgroße Havarie, dadurch entstanden, daß der Dampfer „Brighton“ die Vorfahrt der „Preußen“ nicht beachtet hatte. So würde es heute im Autodeutsch heißen. Weil er seiner Ausweichpflicht nicht nachgekommen war, so formulierte es später das Seeamt Hamburg und gab dem Kapitän der „Brighton“ eindeutig alle Schuld.

Jetzt aber nahm das Verhängnis seinen Lauf. Der Dampfer „Brighton“ kehrte nach Newhaven zurück und schickte einen Schlepper zur „Preußen“. Kapitän Nissen hatte sich entschlossen, in Portsmouth die Schäden reparieren zu lassen. Auf dem Wege dorthin drehte der Wind westlich und kam nun direkt von vorn, der englische Schlepper „Alert“ trat mit dem riesigen Segelschiff auf der Stelle. Nun wurde beschlossen, umzukehren und Dover anzulaufen. Das Wetter verschlechterte sich zusehends, Wind und Seegang nahmen zu. Was Dover anging, so war es mit seiner relativ schmalen Einfahrt wohl bequem für

Das Ende der „Preußen“
unter den Kreidefelsen von Dover

die kräftigen Fährdampfer der Verbindung Dover—Calais, aber gewiß nicht für das größte Rahsegelschiff der Welt mit seinen 5081 Bruttoregistertonnen und 8000 Tonnen Ladung im Bauch. Das mag auch wohl Kapitän Nissen bewogen haben, im Schutze der nahen Küste bei Dungeness zu ankern, um dort den Schaden provisorisch zu beheben. Leichter gesagt als getan. Die schwere „Preußen“ wurde in den Wind gedreht. „Fallen Steuerbordanker!“ Der Anker plumpste, ratternd lief die Kette aus. „Festhalten —!“

Doch was war das? Die Kette ließ sich nicht abbremsen. „Festhalten, zum Donnerwetter!“ Aber Wind und Strom drückten zu stark auf das Segelschiff — es spannte die Kette, es gab einen Ruck, ein Klirren, dann war sie gerissen. „Backbordanker zu Wasser!“ Jetzt, lieber Gott, steh uns bei! Höchste Eile tat not. Der zweite Anker fiel, wieder ratterte es. Mit bangem Herzen lauschte jeder. Würde diese zweite Kette dem Havaristen Halt gewähren? Einen Herzschlag lang tat sie es, dann gab es wieder ein Päng — auch dieser Anker war fort. Die „Preußen“ geriet ins Treiben.

Mit dem aufkommenden Südweststurm waren drei Schlepper beim Schiff: „Alert“, „John Bull“ und „Albatros“. Mit vereinten Kräften ging es nach Dover. Vor der Hafeneinfahrt passierte es dann. In dem kurzen und steilen Seegang stampften die Schlepper so wild wie Pferde, die sich mit aller Macht in die Siele legen, um mit ihrem Anhang den schützenden Hafen zu erreichen. Fuß für Fuß und Schritt für Schritt — doch Strom und Wind wurden immer schlimmer, man machte kaum noch Fahrt voraus. Auf einmal klang es, als risse eine Geigensaite, die Schlepptrosse des „John Bull“ war mit einem schnappenden Laut zersprungen. Jetzt waren es nur noch zwei Zugpferde. Blitzschnell jagten sich die Gedanken bei Kapitän Nissen. Segel setzen, Segel setzen, und dann ab dafür! „Alle Schlepper loswerfen“, schrie er, „weg vor de Wind!“ Aber dazu kam es nicht mehr. Mitten in den Manövern stieß die „Preußen“ auf einen Unterwasserfelsen, hielt einen Augenblick still und schwang dann seitwärts dem Lande zu. Die Strandung war da.

Mehrere andere Schlepper, die sich eingefunden hatten, versuchten, das gestrandete Schiff in den Griff zu bekommen. Vergeblich! Der Boden der „Preußen“ war durchstoßen, ein Riß im Rumpf verlief von unten bis oben, das Wasser stieg fast vier Meter hoch im Laderaum. In den Morgenstunden des nächsten Tages flaute es ein wenig ab, und man schöpfte neue Hoffnung. Dann kam der Sturm zurück. „Preußen“ sackte tiefer und tiefer, der Boden knirschte auf den Felsen, ihr Rückgrat knickte ein, die Wellen leckten schon über das Oberdeck. Noch immer hielt die Besatzung auf ihren Posten aus, wofür ihr die englischen Zeitungen hohes Lob spendeten. Am 8. November wurde das Wetter besser, und nun begab sich alles an Land. Noch ein solcher Sturm, und „Preußen“ würde auseinanderfallen, hier war nichts mehr zu machen. Der größte „Flying P-Liner“ war hoffnungslos verloren, verdorben, dahin ...

Ein Teil der Ladung konnte dem Wrack entnommen werden. Dann zerfiel das einzige Fünfmastvollschiff der Welt. Noch Jahrzehnte hindurch konnte man seine Reste unterhalb der hohen Kreideküste liegen sehen. Und so mußte der größte Rahsegler der Welt kläglich enden, nur weil ein Fährdampfer dessen Geschwindigkeit unterschätzt hatte und seiner Ausweichpflicht nicht nachgekommen war. Ein Jammer, den keine Seeversicherung je begleichen konnte. Denn solche Schiffe kehrten nicht wieder. Ihre Zeit war vorüber.

Dies geschah, wie gesagt, im Jahre 1910. Ein Dutzend Jahre zuvor, am 24. Januar 1897, lag die erste Fünfmastbark der Welt, die 3784 BRT große „France I", bei Dungeness vor Anker. Der große Segler war mit einer Ladung Salpeter in 79 Tagen von Iquique gekommen und wartete ab. Eine ruhige Nacht zog herauf, man setzte vorn und hinten die vorgeschriebene Ankerlaterne. Stunden später hielt der englische Dampfer

Die französische Fünfmastbark „France I"

„Blenheim" diese beiden Laternen für die Lichter von zwei Fischereifahrzeugen und wollte mitten hindurchsteuern. Erst im letzten Augenblick erkannte er das gewaltige Segelschiff und gab „Volle Kraft zurück!" Der Stoß war jedoch nicht mehr ganz aufzuhalten, die „France I" wurde schwer gerammt. Zwar beseitigte man anschließend alle Schäden, aber irgendwie war es nicht mehr das alte Schiff. Die erste Fünfmastbark der Welt ist später vor der brasilianischen Küste untergegangen.

Man kann sagen, daß der Weg zur Westküste es von Anfang bis Ende in sich hatte. Vom Ausgangshafen durch den engen Kanal bis hinunter zur Hoorn und auf der entgegengesetzten Seite wieder hoch, immer hatte man auf dem Posten zu sein. Und doch haben sie diese Fahrt geliebt, die alten Cap Horniers erzählen noch heute mit leuchtenden Augen von ihren Abenteuern an der Westküste.

Die Salpeterfahrt erhielt 1912 einen schweren Schlag, als die Versicherungsprämien für Salpeterladungen in Segelschiffen um 30 Prozent erhöht wurden. Der Benachteiligte war wieder einmal der Segelschiffsreeder.

Der 1914 ausbrechende Erste Weltkrieg unterbrach die Salpeterzufuhr von der Westküste fast völlig. Er traf die Segelschiffahrt buchstäblich wie ein Blitz aus heiterem Himmel und beschleunigte ihren Niedergang noch mehr.

Krieg – ein Blitz aus heiterem Himmel

Im Sommer 1916, zwei Jahre nach Ausbruch des Ersten Weltkriegs, ließ sich bei der Firma Gütschow & Piza in Valparaiso ein merkwürdiger Herr melden. Nach den üblichen einleitenden Worten, verbunden mit Klagen über den schlechten Geschäftsgang, die kriegsbedingten hohen Preise, den darniederliegenden Salpeterhandel und die großen Schlachten in Europa, kam man auf den eigentlichen Zweck des Besuches zu sprechen. Also, erklärte der Fremde, wenn ihn nicht alles täusche, habe die Firma da unten im südchilenischen Calbuco ein kleines Segelschiff herumliegen, die 447 BRT große Bark „Tinto". Ja, das wäre wohl an dem, erwiderten die Herren Gütschow & Piza, chilenische Kaufleute, mit einem stillen Seufzer. Inwiefern der verehrte Señor an dem hölzernen Windjammer interessiert sei? Ja nun, druckste der Fremde ein bißchen herum, man dürfe ja mal fragen, vielleicht komme man ins Geschäft, ob die Eigner unter den gegenwärtigen Verhältnissen vielleicht ihre „Tinto" verkaufen würden ...

Die Herren Gütschow & Piza überlegten schnell. Die „Tinto" war 41,7 Meter lang und 7,9 Meter breit. Sie hatte eine Raumtiefe von 5,5 Meter und konnte etwa 700 Tonnen laden. Das heißt, wenn sie überhaupt Ladung bekam. Sie war 1878 zum letztenmal um Kap Hoorn gekommen, also vor 38 Jahren, und seitdem in der Küstenfahrt beschäftigt gewesen. Ihre Takelage befand sich in einem jämmerlichen Zustand, die Segel waren verrottet und mürbe, der Rumpf leckte wie ein Sieb, im Holz saß der Wurm. Doch das Wichtigste von allem: die „Tinto" war 1852 auf einer längst erloschenen Werft in Liverpool gebaut worden und zum Zeitpunkt der Unterredung sage und schreibe vierundsechzig Jahre alt!

Das aber umschrieben sie taktvoll, wie man überhaupt die Einzelheiten diskret umging, weil man es offenbar so genau gar nicht wissen wollte. Und was den Kaufpreis betraf, so hatte der Fremde höflich, aber unmißverständlich durchblicken lassen, daß er sich nicht in der Lage sähe, viele Scheine auf den Tisch zu blättern. Die Herren von Gütschow & Piza dachten ein zweitesmal schnell nach. Ein Ende des Krieges war nicht abzusehen, der Seehandel stockte, die „Tinto" faulte im Hafen still vor sich hin und kostete nur Geld. Hier aber kam unverhofft jemand, der ihnen auf einen Schlag alle Sorgen abnehmen und dafür noch was ausgeben wollte. Wenig zwar, aber besser als gar nichts. Also erklärten sie sich schnell einverstanden, und das Schiff wechselte „für ein Butterbrot" den Eigentümer. Ja, die Herren halfen sogar noch, die Bark mit Proviant und Material auszurüsten, und stellten ihrerseits keine dummen Fragen — zum Beispiel, was denn der andere in Gottes Namen eigentlich mit der Arche anfangen wolle; damit der es sich nicht noch in letzter Minute überlege.

Die alte hölzerne Bark „Tinto"

Natürlich wurden die chilenischen Häfen, in denen viele deutsche Windjammer interniert waren, streng überwacht. Die Chilenen waren neutral und gedachten es auch zu bleiben, trotz des deutschen Seesieges bei Coronel, wo das Geschwader des Grafen Spee die Engländer geschlagen hatte, wonach diese ihn bei den Falklandinseln vernichteten. Alle Ein- und Ausgänge wurden kontrolliert. Indessen war die „Tinto" ein chilenisches Schiff und zudem ein uralter Kasten, der seit Jahr und Tag auflag.

Plötzlich war die „Tinto" verschwunden, und niemand vermochte zu sagen, wo sie abgeblieben war. Noch bevor es sich herumgesprochen hatte, befand sie sich schon auf halbem Wege zum Kap Hoorn, das sie zuletzt vor fast vier Jahrzehnten umsegelt hatte. Mit ihr reisten 27 junge deutsche Seeleute, denen die jahrelange Untätigkeit zum Halse heraushing und die versuchen wollten, sich in die Heimat durchzuschlagen. Sie kamen von der Viermastbark „Herzogin Cecilie", einem Segelschulschiff des Norddeutschen Lloyd. Auch ihr Kapitän, der 29jährige Karl Richarz, kam vom Lloyd. Er war als Reserveoffizier an Bord des Kleinen Kreuzers „Dresden" gewesen, den man bei der Robinson-Insel zusammengeschossen hatte, und als einer der Überlebenden im Krankenhaus zu Valparaiso gelandet. Gleichgesinnte hatten sich zusammengefunden, Fluchtpläne geschmiedet — und nun saß man auf der „Tinto": Kurs Heimat!

Ob sie mit der uralten Arche die Heimat erreichen würden, war allerdings eine andere Sache. Die „Tinto" war vom Gesetzgeber sowieso nur noch für Küstenfahrten zugelassen. Mit Holzladung wohlgemerkt; denn wenn sie absaufen sollte, schwamm sie wenigstens noch auf der Ladung. Für unsere Heimkehrer war das ein schwacher Trost, sie hatten überhaupt nichts geladen. Zwischen großen Flauten und schweren Stürmen pendelte die alte Bark mit ihnen dahin. Sie muß wie ein Korken über die Wogen getorkelt sein. Kap Hoorn bestanden sie leidlich, aber eben um die Ecke im Atlantik wurde ihnen ein Stück vom Besanmast weggepustet und mehrere morsche Segel dazu. Sie hatten kein Garn zum Segelflicken und zupften sich was aus altem Tuch, der verlorene Besan wurde durch eine ausgespannte Persenning ersetzt. Im Großmarsfall, einem der wichtigsten Flaschenzüge der Takelage, waren ein Dutzend Bruchstellen gespleißt, und auf die unzähligen kleineren Schäden durfte man gar nicht erst achten. Farbe, du lieber Gott, hier ging es um andere Dinge als um Farbe. Der Funkempfänger, den man nicht sah, der war wichtig, und frohgemut lauschten sie den Meldungen britischer Kriegsschiffe, die vor dem deutschen Hilfskreuzer „Möwe" warnten.

Der Südatlantik strich langsam vorbei, Passat füllte die Segel, im Stillengürtel am Äquator dümpelte die „Tinto" auf der Stelle und hob ihre muschelverkrusteten Seiten abwechselnd aus dem Wasser. Wochen und Monate vergingen, ohne daß sie etwas anderes sahen als den leeren Horizont und einen englischen Kreuzer, der sie als harmlos laufenließ. Sie waren schon über hundert Tage auf See, es wurde wieder kühler. Sollte die Reise nie ihr Ende finden?

Um nicht den feindlichen Bewachern in die Hände zu fallen, mußten sie den Englischen Kanal meiden und einen großen Bogen um Großbritannien machen. Eines Tages im vierten Monat erreichten sie die Shetlandinseln und waren nun doppelt gefährdet. Neben den britischen Bewachern lagen noch deutsche U-Boote auf der Lauer und warteten auf Blockadebrecher. Wie wollte man Freund oder Feind erkennen? Ausgerechnet hier geriet die „Tinto" in eine viertägige Flaute. Sie wurden von fünf Dampfern überholt und sichteten am Horizont mächtige Rauchwolken, doch niemand auf der weiten Welt interessierte sich für die alte zerfledderte Bark, die keinen Meter von der Stelle kam. Und eine Luftüberwachung gab es noch nicht. Es hätte ihnen ohnehin keiner die weltweite Reise geglaubt.

Sie hatten Chile im November verlassen, und nun war es März. Ihr Ziel, die Deutsche Bucht, lag in greifbarer Nähe. Aber nun, so dicht davor, machte die „Tinto" nicht mehr mit. Sie war am Ende, drohte sich in ihre Bestandteile aufzulösen und machte Wasser wie ein Schwamm. So tat Kapitän Richarz in jeder Beziehung das Nächstliegende und richtete seinen Kurs auf den norwegischen Hafen Drontheim. Unbehelligt segelten sie über die Nordsee. Eine Spezialkarte hatten sie nicht, und so kreuzten sie drei Tage vor der norwegischen Küste, ehe sich ein norwegischer Marineoffizier von einem Wachtschiff ihrer erbarmte und sie in den Hafen brachte. 126 Tage waren sie unterwegs gewesen. Die Wikingerfahrt der „Tinto", wie man sie nannte, war endlich vorüber.

Das Schiff selbst wurde zum Besten des Roten Kreuzes versteigert und abgewrackt. Die Besatzung reiste weiter nach Deutschland und stellte sich dort den Militärbehörden. Sie kam in eine andere Welt, die alles daransetzte, sich selbst und andere umzubringen. –

„So ein besch ... Weihnachtsfest", schimpften die Offiziere des britischen Hilfskreuzers „Avenger", als der graue Tag des 25. Dezembers 1916 sich über die See tastete. Der Sturm der letzten Tage war zwar eine Kleinigkeit abgeflaut, aber die See zwischen den Shetlands und Island lief noch immer hoch und wild. Der Kreuzer stampfte auf seiner Station, um alle deutschen Ausbruchsversuche in den freien Atlantik zu melden und zu verhindern. Heute brauchte man wohl kaum mit Überraschungen zu rechnen; die gemütvollen Deutschen saßen trotz Krieg und Sturm bestimmt unter ihrem Weihnachtsbaum und sangen „O du fröhliche, o du selige ..." So dachten die Bewacher.

„Segel voraus!" Die Stimme des Ausgucks machte den Überlegungen ein Ende. Indeed — in der Ferne tauchte der Schatten eines Windjammers aus dem Dunst, gewann Form und Gestalt. Wurde zu einem Vollschiff mit der norwegischen Flagge an der Gaffel. Natürlich ein Neutraler, nörgelte der Wachoffizier, den sie noch vor dem Fest rausgejagt haben, um die Feiertage im Hafen zu sparen. Gerade so, als wollten sie uns ärgern. Also gut, untersuchen wir ihn. Signal hoch: „Drehen Sie bei, ich schicke ein Boot!"

Auf dem Vollschiff dauerte es eine Weile, ehe sie begriffen. Bei der christlichen Seefahrt geht's eben nicht so schnell. Dann braßten sie an, die Segel schlugen zurück, und der Windjammer kam zum Stehen. Ein hübsches Schiff, dachten die vom Prisenkommando, als ihr Boot wie eine Nußschale über die Köpfe der See tanzte und der Oberleutnant mit zwei Mann an Bord zu springen sich bemühte. Vorsicht, bloß nicht in den Bach fallen. Endlich hatten sie es geschafft, aber an Bord war es fast halsbrecherisch. Eine hohe Deckslast Holz behinderte jeden Schritt. Muffelige Seeleute knurrten in einer unverständlichen Sprache, Norwegisch natürlich. Der hochgewachsene Kapitän, mit Ohrenklappenmütze und Piep, begrüßte sie umständlich.

Das ganze Schiff war naß, von oben bis unten, das Logbuch feucht, die Ladepapiere ebenfalls, und die Schrift zerfloß schon.

„Vom stürmischen Wetter", erklärte der Skipper, und der Oberleutnant meinte mitfühlend: „Ja, die letzten Tage hatten es in sich." Er warf einen Blick in die Papiere. Es war das norwegischen Vollschiff „Irma", mit einer Ladung Schnittholz unterwegs, keine Konterbande, nichts Verdächtiges. Der Offizier sah sich in der Kajüte um und entdeckte auf dem Sofa eine in Decken gehüllte Gestalt. Lange blonde Haare lugten hervor. Der Kapitän folgte seinen Blicken. „Meine Frau", bemerkte er leise und legte den Finger an die Lippen, „die letzten Tage waren ein bißchen viel für sie."

„Oh, ich bitte um Entschuldigung", sagte der Offizier, beendete die Untersuchung und machte, daß er davonkam. Das neutrale Vollschiff konnte passieren, und der Hilfskreuzer schickte noch ein höfliches Flaggensignal hinterher. „Ich wünsche Ihnen eine glückliche Reise." Na bitte . . .

Die „Irma" war jedoch nicht nur naß, sondern auch falsch von oben bis unten. Die Briten waren gründlich an der Nase herumgeführt worden. Kaum außer Sichtweite, riß sich die „Frau" des Kapitäns ihre blonde Perücke vom Kopf und verwandelte sich in einen Seemann. Die Holzlast flog über Bord, wobei zwei Geschütze und auch Maschinengewehre zum Vorschein kamen. Die Seeleute vertauschten ihre Klamotten mit Marineuniformen. Ein 700-PS-Diesel begann zu blubbern und half den Segler in den offenen Atlantik schieben. Die norwegischen Farben wurden mit einer deutschen Kriegsflagge vertauscht, der Name „Irma" verschwand, und aus den gefälschten Schiffspapieren wurde das Kriegstagebuch des deutschen Hilfskreuzers „S. M. S. Seeadler" . . .

Und nun folgt die vielleicht abenteuerlichste Geschichte des Ersten Weltkriegs. Die Kaiserliche deutsche Marine hatte ein Segelschiff zum Hilfskreuzer eingerichtet und auf große Fahrt geschickt. Sie bediente sich dabei des von einem U-Boot in der Nordsee gekaperten amerikanischen Vollschiffes „Pass of Balmaha", das eigentlich hatte Baumwolle nach England bringen wollen. Der Windjammer war 1888 in Schottland aus Eisen

Dänische Schonerbark wird von U-Boot angehalten

erbaut, er war 72,80 Meter lang und 11,30 Meter breit. Jetzt wurde er sozusagen zweckentfremdet.

Kommandant des Seglers war der 35jährige Kapitänleutnant Felix Graf Luckner, der als junger Bursche von Hause ausgerissen war und seine seemännische Laufbahn in der Handelsschiffahrt begonnen hatte und jahrelang „vor dem Mast" auf großen Segelschiffen gefahren war. Er verstand sein Handwerk — auch der Trick mit der „Irma" stammte von ihm. Seine Kapermethode war einfach. Als Segelschiff brachte er den „Seeadler" nahe an die Beute heran und hißte irgendein unverfängliches Signal, etwa eine Bitte um Uhrenvergleich. Dann, während der andere stoppte, hißte er die deutsche Kriegsflagge, ließ die Verkleidung fallen, richtete die Geschütze auf das Opfer und forderte höflich „zum Aussteigen" auf. Indes die Gefangenen bei ihm an Bord kamen, wurde ihr Schiff durch Sprengladungen versenkt. Das fing schon im Januar 1917 mit zwei englischen Dampfern an und ging dann vorwiegend mit Segelschiffen weiter.

Der „Seeadler" konnte 600 Gefangene aufnehmen. Sie wurden von Graf Luckner und seiner Besatzung so betont menschlich, ja freundschaftlich behandelt, daß man an eine ozeanische Idylle mitten im Kriege zu glauben geneigt ist. Dem Grafen brachte das, um es vorweg zu nehmen, in der ganzen Welt eine allgemeine Welle der Sympathie ein, zumal seine ganze Kaperkriegführung nicht ein einziges Menschenleben kostete. Seine weiteren Opfer wurden nach und nach die Viermastbark „Charles Gounod" (franz.), der Dreimastschoner „Perch" (kanad.), die Viermastbark „Antonin" (franz.), das Vollschiff „Buenos Aires" (ital.), die Viermastbark „Pinmore" (brit.), die Barken „British Yoeman" (kanad.), „La Rochefoucauld" (franz.), „Dupleix" (franz.) und der englische Dampfer „Horngarth". Die meisten der bisher elf Schiffe hatte er eben nördlich vom Äquator im Atlantik genommen. Es war jetzt März, und

U-Bootskrieg 1914—18:
Eine Bark wird versenkt

sein Hilfskreuzer füllte sich langsam. Deshalb gab er, als wieder eine französische Bark aufkreuzte, die „Cambronne“, seine Gefangenen an dieses Schiff ab und entließ alle zusammen in die Freiheit.

Damit hatte er aber zugleich auch sich selbst verraten und mußte sehen, daß er fortkam. Luckner beschloß nun, seine Tätigkeit in den Stillen Ozean zu verlegen. Er mußte sehr weit nach Süden ausweichen, geriet in die Region der Eisberge und entfloh am 18. April 1917 einem britischen Hilfskreuzer bei Kap Hoorn. Mit nordwestlichen Kursen setzte er die Reise fort. April und Mai vergingen, Ende Juni nahm er den Krieg in der Südsee auf. Drei amerikanische Viermastschoner fielen auf ihn herein, die „A. B. Johnson“, die „Slade“ und die „Manila“.

Der August fand den „Seeadler“ bei den Gesellschaftsinseln. Um frische Lebensmittel zu beschaffen, ging Graf Luckner bei der Insel Mopelia zu Anker. Und dort, nach 224 Tagen und etwa 30000 Seemeilen, war alles zu Ende. Das großartige Vollschiff wurde am 2. August 1917 durch eine hohe Flutwoge angehoben und, bevor der Motor angeworfen werden konnte, auf die Korallenriffe geworfen. Aus der Traum —!

Alles, was sich bergen ließ, wurde auf die Insel gebracht, wo sich die Besatzung häuslich einrichtete. Nach drei Wochen machte sich der tatendurstige Luckner, der nicht stillsitzen konnte, mit wenigen Leuten in einem offenen Boot auf die Reise, um irgendwo ein kleines Fahrzeug zu kapern. Ähnlich wie weiland Kapitän Bligh legte er 2800 Seemeilen in vier Wochen zurück. Mit seinen Getreuen geriet er schließlich auf Wakaya Island in Gefangenschaft, brach aus, wurde wieder ergriffen und landete auf Neuseeland. Ein Teil seiner Leute auf Mopelia erreichte die Osterinsel, wurde nach Chile gebracht und interniert. Nach dem Kriege steigerte Luckner in aller Welt seine große Popularität durch zahlreiche Vortragsreisen und mehrere Bücher, von denen der „Seeteufel“ Hunderttausende beeindruckte. Der geborene Showman, der demonstrativ Telefonbücher zu zerreißen und Geldstücke zu verbiegen pflegte, hatte einen farbigen Lebenslauf, wie man ihn mit der Laterne suchen kann. Ihn zu schildern ist nicht Sinn dieses Buches. Wohl aber soll es läppische Vorstellungen, wie sie eine naive Fernsehreihe in Szene setzte, korrigieren.

Typisch für den 1966 im Alter von 85 Jahren verstorbenen Grafen Luckner, den letzten Korsaren der Meere, wie man ihn nannte, ist seine Botschaft an die amerikanische Jugend:

Erinnert Euch, daß sowohl im Frieden als auch im Kriege wir Seeleute uns als Bürger der See fühlen und immer bereit sind, einem Hilferuf Folge zu leisten. Die Kriegführung des „Seeadler" raubte keiner Mutter ihr Kind noch einem Vater den Sohn. Aber indem ich meinen vorgezeichneten Auftrag erfüllte, hatte ich viele Segelschiffe zu vernichten, einige der letzten romantischen Erinnerungen an meine frühen Tage auf See.

Denkt daran, Boys, daß wir alle das Produkt der Liebe sind. Ich berufe mich auf die Einsicht der Jugend überall und hoffe auf eine für immer friedliche Welt.

In einem Jahrhundert, das sogar aus seinen Seeschlachten Materialschlachten werden läßt, in denen das Übergewicht an schwimmendem Stahl den Ausschlag gibt, ist das Treiben eines Hilfskreuzers unter Segeln schon von jenem romantischen Schleier umgeben, der das nahende Ende ankündet. In einer Zeit, die im Begriff steht, sich mit Haut und Haaren der Maschine zu verschreiben, haben Windjammer keinen Platz mehr.

Die großen Trecks der Windjammer veröden. Die Passate wehen wie eh und jeh, die Albatrosse gleiten mit gespreizten Schwingen über die unendlichen Südmeere, und die Wale schnaufen, wenn sie an der Oberfläche Luft holen. Nur die Segel sind verschwunden; denn der Krieg macht auch vor ihnen nicht halt und zwingt sie in die schützenden Häfen. Die Fünfmastbark „R. C. Rickmers" wurde noch versenkt, andere haben sich verkriechen können, wie die „Pamir", die mit einer Ladung

Das Vollschiff „Nesaia"

Salpeter in einem Hafen der Kanarischen Inseln alles übersteht. Die „Parma" bleibt in Chile, die berühmte „Potosi" erreicht im September 1914 Valparaiso und wird dort interniert. Später wird die Fünfmastbark im Zuge der Entschädigungen an Frankreich ausgeliefert, aber die Franzosen verkaufen sie wieder an die Chilenen, die ihr den Namen „Flora" geben. Die 1916 in Hamburg gebaute „Pola" wird als „Richelieu" von Frankreich übernommen.

Nach dem Kriege 1914/18 brachte der Dampfer „Lucie Woermann" Segelschiffsmannschaften zur Westküste, um die dort aufliegenden deutschen Windjammer zurückholen zu lassen. Diese Überfahrt ist in ihrer menschlichen Hitzköpfigkeit ein Roman für sich. Unter anderem sprangen im Panamakanal Leute über Bord und suchten das Weite — nur fort aus dem besiegten Deutschland! Die „Lucie Woermann" kommt schließlich in alle Häfen und Winkel, von Valparaiso bis Antofagasta und hoch zur Coquimbo-Bay und findet fünfzig bis sechzig Segelschiffe, von Wind und Sonne ausgelaugt, vom Regen verwaschen. Aus ihren Decksnähten quillt das Werg, die Segel liegen eingerollt im Zwischendeck, außenbords kleben Muscheln und Algen. Ihre Mannschaften sind größtenteils verschwunden, mit oder ohne Einwilligung der Schiffsleitung. Indem sie sich als Einzelgänger nach Europa durchschlugen, wo man sie an die Front steckte, oder in den Salpeterminen der Anden Arbeit annahmen, entzogen sie sich einem jahrelangen zermürbenden Warten auf das baldige Ende, das nicht kam.

Unter den in Chile gebliebenen Windjammern ist auch das Bremer Vollschiff „Nesaia" von Gildemeister & Ries. Als

Die Viermastbark „Hans" liegt jahrelang an der Westküste. Dann kommt sie in die USA. 1935 abgetakelt und schwimmendes Nachtlokal außerhalb der Drei-Meilen-Zone

erster deutscher Segler erreicht es nach dem Kriege mit einer Ladung Salpeter die Elbe, wo ihm die Menschen begeistert zuwinken. Auch das bei Tecklenborg 1891 gebaute Vollschiff „Rigel" hat den Krieg gut überstanden. Der zu den schönsten deutschen Windjammern gehörende Segler bringt Salpeter nach Spanien und wird dort gleich verkauft. „Nesaia" wird in „Barmen" umbenannt, ebenfalls verkauft, und beide Schiffe werden nach wenigen Jahren verschrottet. Und das ist bezeichnend; denn inzwischen geschah etwas anderes. In Europa ist man nicht mehr unbedingt auf Chilesalpeter angewiesen. Der Krieg ist der Vater aller Dinge. Von allen Seiten von Fronten eingeschlossen und blockiert, hat sich Mitteleuropa inzwischen selbständig gemacht: seine chemische Industrie holt den Stickstoff aus der Luft ...

1919 wird die Viermastbark „Paul" von Krabbenhöft & Bock als erstes deutsches Segelschiff nach dem Kriege wieder hinausgeschickt. Sie bleibt über zwei Jahre „in wilder Fahrt" unterwegs, wie der Seemann die Trampfahrt nennt, und wird 1924 in Schottland abgewrackt. Namen sind Schall und Rauch, vergehen und verwehen ... Wer kennt noch die „Petschili", „Pangani", die „Pinguin"? Wer die großen Viermastbarkentinen „Mozart" und „Beethoven" der Hamburger Reederei de Freitas? In Italien gibt es noch lange das Vollschiff „Pinus", früher „Pirna", in Peru die „Maipo", in Chile die „Lucia" ex „Othmarschen", in Portugal das Vollschiff „Tiburon", früher „Coriolanus". In Brasilien segelt das ehemalige deutsche Vollschiff „Henriette" von Vinnen Gebr. Hamburg als Schulschiff der Marine.

Alte Segelschiffsreedereien stellen sich auf Dampf um oder lösen sich auf, beispielsweise die Hamburger Reederei AG von 1896 (bekannt für Segelschiffsnamen wie „Omega", „Ophelia", „Oliva"). Andere tauchten schon früher unter, so die Alster AG, B. Wencke & Söhne, die Bremer Reederei D. H. Wätjen & Co. Man kann diese Reihe beliebig fortsetzen. Ihre Windjammer werden abgewrackt, an entlegenen Küsten

Die Viermastbark „Hebe II"
lag den Krieg über in Peru,
wurde dann peruanisches Schulschiff

anderen Bestimmungen zugeführt oder fallen den Gefahren der Seefahrt zum Opfer. Das ist überall so. Hier eine kleine Auslese:

Das größte Segelschiff der Welt, die französische Fünfmastbark „France II", strandet 1922 bei Noumea, Neukaledonien, und wird aufgegeben. Bei Kap Hoorn geht die Bremer Viermastbark „Nal" verloren, wird die Bark „Professor Koch" entmastet. In Holland zerschneidet man das alte Vollschiff „Odessa". Und so weiter und so fort.

Am 16. September 1927 sichtet ein argentinischer Dampfer im Südatlantik eine brennende Fünfmastbark. Ihr Kapitän versucht sein Schiff, das Bunkeröl, Kohlen und Koks geladen hat, bei den Falklandinseln auf Strand zu setzen. Bevor es ihm gelingt, zwingt das rasende Feuer alle Mann, das Schiff zu verlassen. Der Windjammer heißt „Flora", es ist die ehemalige „Potosi" von Laeisz. Das Wrack treibt umher, bildet ein Schiffahrtshindernis und wird schließlich von einem argentinischen Kreuzer durch Geschützfeuer versenkt. So beendet der einstmals weltberühmte deutsche Schnellsegler seine letzte Reise ...

Während schon der Zeppelin sich anschickt, den Ozean zu überfliegen, gehen die ihrer Existenzgrundlage beraubten Windjammer ein. Wenige Jahre hatten ausgereicht, um das Gros der deutschen Segelschiffe und der Windjammer auf allen Meeren überhaupt zu zerschlagen. Was übrigbleibt, sind einzelne Nachzügler, und man hört noch von den Viermastbarken „Gustav" und „Elfriede", von der „Fehmarn" und von der Bark „Toni". Aber in der zweiten Hälfte der zwanziger Jahre sind bis auf wenige Ausnahmen alle verschwunden. Gerammt, gestrandet, verkauft und verschrottet. Damals konnte man billig Segelschiffe haufen. Genaugenommen wurden sie einem nachgeworfen.

Selbst die beiden Segelschulschiffe des Norddeutschen Lloyds hat es nicht verschont: die Viermastbark „Herzogin Sophie Charlotte" (1894 als „Albert Rickmers" gebaut) und die Viermastbark „Herzogin Cecilie" (1902). Die erstere wird in Wilhelmshaven abgewrackt. Die zweite kauft der finnische Reeder Gustaf Erikson, dessen Namen wir uns merken müssen. Der Norddeutsche Lloyd aber braucht auf lange Jahre hinaus kein Schulschiff mehr.

Deutsche Bark „Nürnberg" von Hamburg im Jahre 1902
Flagge der Cap Horniers

CAP HORNIERS

AMICALE INTERNATIONALE
DES CAPITAINES AU LONG-COURS

Segelschulschiffe und Schulsegler

Zugegeben, es geht einem das Herz auf beim Anblick eines Segelschulschiffes oder schon beim Gedanken an das, was man sich darunter vorstellt. Bei der Windjammerparade während der Olympiade 1972 säumten ganze Völkerscharen die Ufer der Kieler Bucht, fuhren mit Begleitdampfern hinaus, kamen mit eigenen Wasserfahrzeugen und sogar durch die Luft, um nur einen Blick zu erhaschen. Unvergleichlich schön die Armada der schnittigen Schiffe, die mit geschwellten Segeln, zum großen Teil mit jungen Leuten bemannt, an ihnen vorüberzogen: fleckenlos, elegant und graziös. Ihre Takelage kunstvoll verknotet wie Filigran. Ein Bild wie aus einer anderen, einer heilen Welt. Erfüllte Sehnsucht, mit vollem Zeug über die sieben Meere zu jagen. Ein Traum — auf zur Schatzinsel, anno 1972 ...

Hört gut zu, Freunde: über Segelschulschiffe ist viel gestritten worden. Großadmiral von Tirpitz, der Chef des Reichsmarineamtes, richtete schon am 28. 5. 1913 ein Schreiben an den damaligen „Zentralverein Deutscher Rheder“, in dem er die Ausbildung auf Segelschiffen als „künstlich und den Bedürfnissen in absehbarer Zeit nicht mehr entsprechend“ abtat. Das will an sich nicht viel besagen. Wenn die Kaiserliche Marine ihre eigenen Segelschulschiffe außer Dienst gestellt hatte, so war das ihre Sache. Aber der Großadmiral hat sich bei allen seinen Flottenplänen immer vom englischen Gegenspieler leiten lassen. Und eben die größte schiffahrttreibende Nation der Welt hatte mit ihren Segelschiffen auch die Ausbildung auf ihnen abgeschafft. Dort wurde die seemännische Vorschule auf stationären Schiffen betrieben. Das waren zuweilen ruhmreiche Fregatten mit himmelhohen Masten. Nur waren die Masten gestutzt, und die alten Hulks lagen still im Hafen. Die Tommys meinten gelassen, es gehe auch so. Na, und die sollten es eigentlich doch wissen.

Indessen hat jedes Ding zwei Seiten, und so gab es auch bei uns genug Gegenstimmen, die Tirpitz widersprachen. Die mächtig aufgeblühte Dampfschiffahrt hatte nicht nur die Segler verdrängt, sie hatte sich dadurch ungewollt auch noch um einen erfahrenen Nachwuchs gebracht. Die bisherigen Schiffsjungen, Leichtmatrosen, Vollmatrosen, Steuerleute bzw. Schiffsoffiziere und Kapitäne hatten ausnahmslos ihre Seebeine auf Segelschiffen bekommen — wie das Gesetz es übrigens auch befahl. Böse Zungen behaupteten allerdings, das Gesetz befehle es nur, damit die letzten noch vorhandenen Segler nicht unter Mannschaftsmangel litten. Denn wer es irgend könne, der liefe ihnen davon. Das aber war gewiß ein dummer Schnack. Wie auch immer, der Nachwuchs war spärlicher geworden, und seine Qualität hatte nachgelassen.

Sogar vor der herkömmlichen Segelschiffslehre, wenn wir es so nennen wollen, machten die Kritiker nicht halt, und eine zeitgenössische Stimme meint in der „Marine-Rundschau" von 1898 vorwurfsvoll: „Ist der Schiffsjunge nicht strebsam, so lernt er auch jetzt nicht viel dazu, nur zum Segeldienst und zum Steuern wird er natürlich herangezogen. Es kann geschehen, daß der junge Mann Matrose wird, ohne viel gelernt zu haben, da eine regelrechte Schulung, wie sie in der Regel in anderen Berufsarten stattfindet, vollständig fehlt. Und so fahren denn ... viele als Matrosen zur See, die diesen Namen nicht verdienen."

Seit 1862 gab es allerdings vor Hamburgs Toren eine Deutsche Seemannschule auf der Elbinsel Steinwerder, später Finkenwerder-Waltershof, bei deren Gründung bekannte Ree-

Seemannschule Waltershof
mit Segelschiff auf dem Trockenen

der Pate gestanden hatten, die später dem Verwaltungsrat angehörten: u. a. F. Laeisz, Robert M. Sloman jun., Adolph Godeffroy, Adolph E. Vidal. In diesem landgebundenen Internat wurden junge Leute im Alter von 13 bis 17 Jahren von befähigten Kapitänen auf den Seemannsberuf vorbereitet. Neben den seemännischen Handfertigkeiten unterrichtete man sie in Mathematik, Navigation, Geographie und Fremdsprachen. Mittelpunkt der Seemannschule war ein an Land aufgebautes Vollschiff mit einer Übungstakelage, ein „Windjammer auf dem Trockenen". Die Lehrgänge dauerten für die Jüngeren zwei, für die Älteren ein Jahr und kosteten jährlich an die 900 Mark. Das war für die damalige Zeit nicht wenig.

Im Anschluß wurden dann die jungen Leute auf gute Segelschiffe vermittelt. Dort fingen sie wieder von vorne an, da die „Lehre" nicht als Seefahrtzeit anerkannt wurde. Der erzieherische Wert des scherzhaft „Seemannsfabrik" oder Waltershof genannten Internates ist unbestreitbar, und es wurden dort nicht selten Freundschaften fürs Leben geknüpft. Aber das Fassungsvermögen der Deutschen Seemannschule war begrenzt und nur ein Tropfen auf den heißen Stein. Um es vorweg zu nehmen: immerhin bildete Waltershof, bis es am 9. Mai 1945 geschlossen wurde, insgesamt 4648 Seemannsschüler aus, wenn auch die Lehrgänge schließlich auf drei Monate verkürzt wurden.

Um guten Nachwuchs besorgt, richtete der Norddeutsche Lloyd in Bremen zu Anfang des Jahres 1900 ein eigenes Segelschulschiff für etwa 100 Kadetten ein. Das war die angekaufte „Albert Rickmers", eine große Viermastbark von 2395 BRT, die den Namen „Herzogin Sophie Charlotte" erhielt. Der Windjammer sollte weiterhin ein reines Frachtschiff bleiben, nur durch die Kadetten ungewöhnlich stark bemannt. Er unterstand zudem einem Verwaltungsausschuß, in dem der Großherzog von Oldenburg den Ehrenvorsitz führte. Die Segelschiffsausbildung der Lloyd-Kadetten verlief über die üblichen Stufen (Schiffsjunge, Leicht- und Vollmatrose) und

Viermastbark „Herzogin Sophie Charlotte"
Schulschiff des NDL Bremen

umfaßte drei Jahre. Die erste Reise der Viermastbark „Herzogin Sophie Charlotte" führte in den Stillen Ozean und zur Westküste.

Zu viele Leute an Bord verhindern eine gründliche Ausbildung des einzelnen, sagte sich der Lloyd und stellte ein zweites frachtfahrendes Segelschulschiff in Dienst, um auf beiden die Zahl der Kadetten beträchtlich zu verringern. Das zweite Schiff, die „Herzogin Cecilie", wurde bei Rickmers in Bremerhaven gebaut. Es war ebenfalls eine Viermastbark, 3242 BRT groß, mit 60 Meter hohen Masten und einer Segelfläche von 5200 Quadratmeter. Auch das war eine ganze Menge. Im Juli 1902 trat die „Herzogin Cecilie" ihre erste Reise an. Sie wurde gleich zu einer Rekordfahrt. Auf der Rückreise lief die neue Viermastbark von Portland, Oregon, im Nordwesten der USA in

Viermastbark „Herzogin Cecilie"
Schulschiff des NDL Bremen

nur 106 Tagen nach Falmouth im Englischen Kanal zurück. Sie lag damit noch 13 Tage vor dem nächsten, einem englischen Segler, und zehn weiteren Windjammern, die an dieser improvisierten Regatta teilnahmen. Hohe Wetten in den USA erhöhten die allgemeine Aufmerksamkeit und das weltweite Staunen, als der noch unbekannte deutsche Windjammer als Außenseiter gewann.

Die „Herzogin Cecilie" hatte in den beiden ersten Jahren zwei tödliche Unfälle. Die ältere „Herzogin Sophie Charlotte" einen, 1904 geriet sie bei Kap Hoorn in einen Orkan und mußte in Montevideo ihre Schäden reparieren. Die Kadetten hatten sich hervorragend bewährt.

Einer derjenigen, die den Schulschiffen besonders nahestanden, war der Großherzog Friedrich August von Oldenburg. Sein Interesse blieb nicht nur auf den Norddeutschen Lloyd beschränkt. Vielmehr waren der Landesfürst und Prof. Schilling, der Direktor der Bremer Navigationsschule, die Seele des „Deutschen Schulschiff-Vereins", den man am 12. Januar 1900 in Bremen gegründet hatte. Unter dem Ehrenvorsitz des deutschen Kaisers gehörten ihm die Direktoren der Großreedereien, die regierenden Bürgermeister der Hansestädte und „zahlreiche deutsche Fürsten" an. Dieser Verein bildete trotz oder gerade wegen seiner feudalen Spitze von Anfang an ein Gegengewicht gegen die erzieherisch vielfach unzulänglichen und

Das war die „Lisbeth" —
Schulschiff „Großherzogin Elisabeth",
ein Vollschiff des Deutschen Schulschiff-Vereins

ausbeuterischen Methoden in der Handelsschiffahrt. Er vermittelte auf breiter Basis, und dadurch bedingt militärisch straff, eine solide handwerkliche Segelschiffsausbildung. Die jungen Leute trugen Matrosenuniformen nach Art der Kaiserlichen Marine, lustig flatternde Mützenbänder mit dem gestickten Schiffsnamen, Exerzierkragen und seidenen Schifferknoten. Die in Elsfleth an der Hunte bzw. in Oldenburg beheimatete Flotte des Deutschen Schulschiff-Vereins war ein reiner Schulbetrieb und bestand aus drei Seglern, die keine Ladung fuhren:

Ein formschönes kleines Vollschiff von 1260 BRT, 1901 bei Tecklenborg gebaut, namens „Großherzogin Elisabeth". Dieses Vollschiff konnte 100 Schiffsjungen an Bord nehmen, die in Wachen und Divisionen eingeteilt wurden. Die Ausbildung kostete Geld und dauerte in der Regel ein Jahr. Sie umfaßte eine Sommerreise durch die Gewässer der Nordsee und Ostsee und eine Winterreise nach Westindien. Ein anschließender Kadettenlehrgang (für Leicht- und Vollmatrosen) setzte eine abgeschlossene höhere Schulbildung voraus. In den ersten drei Jahren wurden über die „Großherzogin Elisabeth" der Handelsschiffahrt 406 gut ausgebildete junge Leute als Offiziersnachwuchs zugeführt. Ein Junge war ertrunken.

1910 stellte der Deutsche Schulschiff-Verein das bei Blohm & Voss gebaute Vollschiff „Prinzeß Eitel Friedrich" in Dienst. Mit 1566 BRT war es eine Kleinigkeit größer als die „Lisbeth", wie die Schulschiffer unter sich zu sagen pflegten. Nun wurden innerhalb des Vereins in halbjährigen Kursen auch Mannschaften ausgebildet, und zwar kostenlos.

Im Frühjahr 1914 wurde das dritte Segelschulschiff in Dienst gestellt, die 1701 BRT große Bark „Großherzog Friedrich August". Der ebenfalls von Tecklenborg kommende Windjammer hatte als erstes Segelschulschiff einen Hilfsmotor. Er diente der Ausbildung von Decksmannschaften und „Labskaus"-Kadetten, im Alltagsdeutsch von Kochlehrlingen. Aber mit dem Ausbruch des Ersten Weltkriegs kochte man nur auf

Schulschiff „Dar Pomorza" 1972 in Kiel,
früher „Prinzeß Eitel Friedrich"

kleiner Flamme. Die Auslandsreisen fielen ohnehin fort, die heimischen Gewässer waren zum Teil vermint, und so blieb man am Kai liegen und machte schlecht und recht Hafendienst.

1918 war alles vorbei, oder doch fast alles. Die Bark „Großherzog Friedrich August" wurde an Norwegen ausgeliefert und dort in „Statsraad Lehmkuhl" umgetauft. Das Vollschiff „Prinzeß Eitel Friedrich" wurde Frankreich zugesprochen, später an Polen verkauft und erhielt den Namen „Dar Pomorza". Beide blieben Schulschiffe, es gab nichts Besseres in ihrer Art, und die neuen Besitzer waren heilfroh. Nur das älteste und kleinste, die „Großherzogin Elisabeth", verblieb unter deutscher Handelsflagge: damals noch schwarz-weiß-rot mit der schwarz-rot-goldenen Gösch in der oberen linken Ecke.

Die „Lisbeth" kam allmählich in die Jahre. 1932, nach über drei Jahrzehnten im Wasser, wurde sie vor der deutschen Seemannschule Waltershof angebunden, später gänzlich übernommen und als stationäres Schulschiff verwendet. Der ursprüngliche „Windjammer auf dem Trockenen" war nur noch Erinnerung. Nach dem Zweiten Weltkrieg wurde die „Großherzogin Elisabeth" der französischen Marine übergeben. Heute liegt sie in Brest und heißt „Duc d'Alsac" (Herzog von Elsaß).

Alle drei Segler des Deutschen Schulschiff-Vereins sind nach sechzig und siebzig Jahren noch immer im Dienst. Das spricht für gutes Material und beweist, wie sorgfältig man es gepflegt hat.

Eine Randerscheinung blieben die jeweils 12 Kadetten der Viermastbarkentinen „Mozart" und „Beethoven", 2000 BRT-Segler der Reederei A. C. de Freitas & Co. Hamburg. Die jungen Leute wohnten für sich an Bord und wurden von einem Ausbildungsoffizier unterrichtet. An Land traten sie in blauen Anzügen mit weißer Wäsche auf. 1910 wurden die erst wenige Jahre alten Windjammer verkauft und die Kadettenausbildung eingestellt.

Nach dem Ersten Weltkrieg sah alles anders aus. Deutschland war bettelarm, die Reichsmark in der Inflation dahingeschmolzen. 1923 kostete ein Brot Millionen, bald Milliarden. Die deutschen Handelsschiffe waren bis auf einige kleine und alte an die Siegermächte abgeliefert. Arbeitslose Seeleute boten sich an wie sauer Bier und waren glücklich, wenn sie auf einem alten Huker anheuern konnten und nicht zu verhungern brauchten. Sie wurden mit Banknoten und Notgeld entlohnt, die nicht das Papier wert waren, auf das sie gedruckt waren. Die Frachten wurden dagegen in Schillingen, Kronen und Dollar abgeschlossen. Für eine Handvoll ausländischer Valuta bekam man alles: Häuser, Schiffe, Waren. Der deutsche Seemann besorgte sich ein bißchen ausländisches Geld, indem er Sprit in nordische Länder schmuggelte oder kleine Waffengeschäfte machte.

Neue Unternehmen schossen wie Pilze aus der Erde — und aus dem Wasser: sogenannte Inflationsblüten. Und diese neuen Firmen wußten, wo sich Bartel den Most holte. Es erschienen Reedereien, von denen man nie gehört hatte. „Wilde" Schulschiffe machten sich auf, um auf ihre Weise etwas zu verdienen. Denn noch immer hatten junge Leute Lust zur Seefahrt. Junge Leute, die um aufzusteigen Fahrtzeit brauchten auf Segelschiffen, die kaum noch vorhanden waren, und deren Eltern zum Wohle der Söhne das Letzte hergaben. Solche Opferbereitschaft konnte belohnt werden. Mit anderen Worten: daraus ließ sich Kapital schlagen. Denn das Geld war sehr knapp geworden, als Ende 1923 die deutsche Währung wieder festen Boden unter die Füße bekam und sich zur Goldmark aufschwang.

Sinngemäß ähnliche Überlegungen beschäftigten wohl den nautischen Inspektor einer Hamburger Reederei, als er seinen Chefs vorschlug, aus ihrer Bark „Bohus" ein frachtfahrendes Schulschiff zu machen. „Als Schulschiff untersteht sie nicht dem Tarifvertrag, wir brauchen also keine tariflichen Heuern zu bezahlen. Im Gegenteil, wer bei uns ausgebildet werden will, muß noch Geld mitbringen. Sagen wir mal 1500 Goldmark jährlich. Dafür erhält er dann eine Seemannsausrüstung und ein monatliches Taschengeld. Sie werden uns schon kommen. Denn wo wollen sie ihre gesetzlich vorgeschriebene Segelschiffszeit hernehmen?"

Der Inspektor sollte recht behalten. Sie kamen, neunzehn Mann hoch. Mit der Bark „Bohus" (früher „Bertha"), mit 32 Jahren auch nicht mehr die Jüngste und eben erst angekauft, schien die Reederei einen guten Griff getan zu haben. Der alte Windjammer war 1640 BRT groß, 75,6 Meter lang und 11,7 Meter breit. Aber egal, wie lang oder breit, die Rechnung würde schon aufgehen.

Neben den neunzehn „Kadetten" befanden sich noch an Bord: drei Steuerleute, Bootsmann, Segelmacher, Zimmermann, Koch und Bäcker, vier Vollmatrosen, fünf Leichtmatrosen und ein Junge. Ein „gewöhnlicher" Junge, kein Kadett. Alles in allem waren es 38 Mann, die „Bohus" war gut besetzt. Nur was den Kapitän betraf, mußte man sich später fragen, warum der Inspektor von allen verfügbaren ausgerechnet ihn genommen hatte. Er hatte zwar in seiner Jugend auf Windjammern gedient, sonst aber nur als Dampferoffizier nach Afrika gefahren, jedenfalls nie ein Segelschiff geführt.

„Na, wenn schon", sagte der Inspektor, „das ergibt sich alles im Lauf der Zeit von selbst. Und nun schreiten wir zur Ausbildung der Kadetten. Mal alle herhören." Nachdem er den erstaunten jungen Leuten einmal gezeigt hatte wie man ein Segel losmacht und festmacht, erklärte er ihre Ausbildung für beendet. „Halten wir uns nicht lange mit der Vorrede auf, morgen geht's in See." Und so geschah es.

Am 23. April 1924 verließ die Bark „Bohus" im Ballast den Hafen von Göteborg. Die Reise sollte nach Taltal an der Westküste gehen und von dort mit einer Ladung Salpeter nach Hamburg. Das sogenannte Segelschulschiff hat die Westküste nicht erreicht. Der Kurs der Bark führte von Göteborg westwärts durch das Skagerrak quer über die Nordsee. Der frischgebackene Kapitän wollte nördlich von Schottland durch das „Loch" zwischen den Orkneyinseln und den Shetlands in den offenen Atlantik segeln. Diese an Fair-Eiland vorbeiführende Durchfahrt wird nicht selten benutzt, vor allem von den kleinen flinken Fischdampfern mit ihren starken Maschinen auf dem Wege nach Island. Für einen Windjammer, der eigentlich viel Platz braucht, ist sie nicht ganz ohne Probleme. Denn dieses zwar weite Loch ist starken Strömungen unterworfen und setzt klare Sicht und eine gute Ortsbestimmung voraus, will man die Gefahr vermeiden, versetzt zu werden.

Der flaue Wind des ersten Tages der Ausreise war am zweiten, dem 26. April 1924, zum fliegenden Sturm angewach-

Einst: Bark „Großherzog Friedrich August" des Deutschen Schulschiff-Vereins, heute: norwegisches Schulschiff „Statsraad Lehmkuhl"

sen, der die Bark mit zehn Knoten vorwärts jagte. Das wäre prächtig gewesen, wenn es nicht gleichzeitig trübe und dunstig geworden wäre. Aber, na ja, es wird schon klargehen, immer feste druff! Hauptsache, wir machen eine schnelle Reise! Kurz nach Mittag wurde zwischen Nebelfetzen ein Leuchtturm gesichtet. Das kann nur Fair-Eiland sein, sagte sich die Schiffsleitung. Wir sind auf dem richtigen Wege, man weiter so.

Plötzlich begann der Ausguck auf der Back wild zu schreien: „Land an Backbord!" Er hatte es kaum gemeldet, da schrie er auch schon „Land an Steuerbord!" hinterher. Im Nebel tauchten verschwommen hohe, steile Landmassen vor ihnen auf. „Ruder hart über — schieß in den Wind!" befahl der Kapitän brüllend dem Rudergänger. „Wir sind in Teufels Küche." Kein Zweifel, sie hatten sich bei dem unsichtigen Wetter völlig verfahren.

Während sie nach der ersten Schrecksekunde ihre fünf Sinne wieder zusammenbrachten, erschienen überall im Wasser Klippen. Von einigen kam die Bark mit Glück noch frei, um nur tiefer in eine kleine Bucht zu treiben. Sie warfen die Anker, doch das Eisen faßte nicht mehr. Gleich danach setzte die Bark hart auf — rums! Die „Bohus" war gestrandet. Schon beim zweiten Bums fiel sie auf die rechte Seite, und die Seen fegten über ihr Deck, alles Lose mit fortreißend. Einige gute Schwimmer brachten mit Mühe eine Leine ans Ufer, wo sich bald Leute zum Helfen eingefunden hatten. Wie sich herausstellte, war das Segelschulschiff bei Otterswiek auf den Shetlandinseln aufgelaufen.

Die Schotten halfen nach Kräften mit, die restliche Besatzung an Land zu ziehen. Der Koch verlor den Verstand, irrte zwischen den Felsen davon und wurde später tot aufgefunden. Einer der unerfahrenen Kadetten zog unerschrocken unter eigener Lebensgefahr mehrere Kameraden auf eine Klippe. Dann wurde er von der Brandung hinweggerissen und ertrank vor den Augen seiner Kameraden. Das Segelschiff ging total verloren.

Das Seeamt Hamburg, das den Unfall später untersuchte, fand sehr harte Worte für das fahrlässige Verhalten des Kapitäns, der ohne zuverlässige Standortbestimmung versucht hatte, das „Loch" zu durchsegeln. Darüber hinaus beanstandete es die geringe Erfahrung der Besatzung, von denen die meisten einen Windjammer nur vom Hörensagen kannten. Hart ging man auch mit den fragwürdigen Schulschiffunternehmern ins Gericht, die von ihren Zöglingen eine Menge Geld verlangten, ohne eine entsprechende Gegenleistung zu bieten. Wie wollte man den anvertrauten Jungen Seemannschaft beibringen, wenn man selber so wenig Ahnung hatte!

Der Verlust der Bark „Bohus", über den die Presse berichtete, schien dem Ansehen der frachtfahrenden Segelschulschiffe nicht sonderlich zu schaden. Wie hätte sich sonst die Geschichte mit der Bark „Wehrwolf" ereignet, bei der man nicht weiß, ob man lachen oder weinen soll! Angeregt durch ihren Inspektor, Kapitän Schlaumeier, versprach die Adler-Rhederei jungen Leuten eine mindestens einjährige Ausbildung auf ihren „Erster-Klasse-Seglern", eine Seemannsausrüstung, freie Verpflegung und monatlich 10 Mark Taschengeld. Die Eltern hatten nichts weiter zu tun, als jährlich 1500 Goldmark an die Reederei zu zahlen (1500 ist offenbar eine magische Zahl gewesen). Die Jungen wiederum mußten sich zu weiteren Diensten bei der Adler-Rhederei nach der Ausbildung verpflichten. Der angepriesene Schiffspark der Firma war denkbar klein. Neben der „Wehrwolf" geisterte noch die stählerne Bark „Toni" durch die Bücher, die aber nie in Erscheinung trat.

Die „erstklassige" Bark „Wehrwolf" war schon unter vier anderen Namen gelaufen und mittlerweile 43 Jahre alt geworden. Und da sie aus Holz gezimmert war, fing sie an, beide Enden hängen zu lassen. Man kennt das. Sie war auch nicht erstklassig, sondern hatte überhaupt keine Klasse mehr. Das heißt, daß die Sachverständigen sie schon abgeschrieben hatten. Was jedoch weder den Reedereidirektor noch seinen Inspektor störte. Der erstere hatte sechs junge Leute angeworben und das Geld der Eltern kassiert. Davon gab er die Hälfte seinem Inspektor, schickte ihm die Jungen an Bord und sprach wie in der Bibel: Da siehe du zu! Für tägliche 3,50 Mark pro Kopf und Nase mußt du sie auch noch verpflegen. Die „Wehrwolf" sollte nur ein Übergangsstadium darstellen. Die Jungen durften damit rechnen, nach ein, zwei Reisen mit der großen stählernen Bark „Toni" in die Weite der Weltmeere hinausgeschickt zu werden. Einer der sechs scheint es indessen mit der Angst bekommen zu haben; denn beim Anblick der „Wehrwolf" machte er auf der Stelle kehrt. Wir meinen, das läßt tief blicken!

Am 6. Juli 1924 lief die Bark „Wehrwolf" mit 550 Tonnen Schrott im Bauch unter Führung von Kapitän Piepkorn von Kiel nach Wiborg im Finnischen Meerbusen. Nach zwanzig Tagen kam sie dort auch heil an, und der Schrott wurde gelöscht. Für die Rückreise luden sie Holz und packten noch 100 Tonnen Kopfsteine als Ballast zusätzlich in den Raum. Das würde den Windjammer wohl stabil und gerade halten. Am 4. Oktober machten sie sich auf den Heimweg. Es wehte eine leichte Brise in Stärke 4. Kaum in See, fiel die Bark auf die rechte Seite und kam nicht wieder hoch. Glücklicherweise befand sich noch der Schlepper in der Nähe, der die „Wehrwolf" wieder in den Hafen brachte. Dort wurde sie erst mal leergepumpt, da das Wasser durch alle Nähte hereinströmte. „Was kann ich dafür", meinte der Schiffszimmermann achselzuckend, „ich bin nur gelernter Tischler und habe von Schiffen keine Ahnung."

Als der Magistrat von Wiborg jetzt die „Wehrwolf" eingehend betrachtete, fehlten dem erstklassigen Windjammer der Klüverbaum, ein paar Rahen und einiges mehr. Die Segel waren so mürbe, daß man sie mit den Händen zerreißen konnte. Das Schiff hatte nur noch Brennholzwert. Doch wie gesagt, es war alles nur ein Übergang, den Kadetten winkte

Viermastbarkentine „Esmeralda"
Schulschiff der chilenischen Marine

ja die Bark „Toni". Nur hatte man die inzwischen schon gepfändet.

Nachdem man der „Wehrwolf" einige Deckslast abgenommen und sie ein wenig repariert hatte, ließ man sie laufen. Jedoch nicht, ohne ihr den Seeschlepper „Fairplay IX" beigegeben zu haben, der sie auf den Haken nahm und mit ihr abzog. Inspektor Schlaumeier und Kapitän Piepkorn veranstalteten vor Freude mit Gewehren und Pistolen ein Wettschießen auf leere Schnapsflaschen. Das dicke Ende kam aber noch, nachdem man am 14. November in Rendsburg angelangt war. Viereinhalb Monate hatte die eine Fahrt der „Wehrwolf" nach Finnland gedauert.

Bei der seeamtlichen Untersuchung stellte es sich heraus, daß die „Wehrwolf“ auf der Ausreise bei Dagö auf Grund geraten war und von einem Motorfahrzeug wieder in tieferes Wasser geschleppt werden mußte. Die Kadetten hatten zwar nicht viel gelernt an Bord, es langte aber, um diesen kleinen Betriebsunfall einstimmig anzuzeigen. Nur der Inspektor und sein Kapitän konnten sich auf nichts mehr besinnen, sondern stritten alles ab, und auch das Schiffstagebuch enthielt davon kein Wort, wie es doch gesetzlich vorgeschrieben war. Das Seeamt verstand keinen Spaß, faßte alles zusammen und entzog dem Kapitän das Patent, das ist seine Gewerbebefugnis. Inspektor Schlaumeier konnte nicht unmittelbar belangt werden. Das Seeamt bedauerte in seinem Spruch sehr, keine Machtmittel zu besitzen, um diese Art von „wilden“ Schulschiffen zu unterbinden, und gab die Unterlagen an die ordentlichen Gerichte weiter.

Von ganz anderer Art ist die Geschichte des Stettiner Segelschulschiffes „Greif“. Im Sommer 1923 kauften führende Reedereien, die Stettiner Dampfer-Compagnie AG und ihre Tochtergesellschaft, die Deutsche Orient-Linie AG, ein in Rotterdam aufliegendes französisches Vollschiff, die „Edouard Bureau“ aus Nantes. Sie beabsichtigten damit, wie es wörtlich hieß, „den Nachwuchs an tüchtigen Seeleuten und angehenden Offizieren auszubilden“. Der damals 31 Jahre alte und zu 2161 Bruttoregistertonnen vermessene Großsegler war ursprünglich als „Wiscombe Park“ in England gebaut und in Liverpool beheimatet gewesen. Das in „Greif“ umgetaufte Schiff war 85,7 Meter lang, 12,8 Meter breit, sein Großmast war 48 Meter hoch über Deck.

Mit einer kleinen Stammbesatzung wurde „Greif“ von Rotterdam nach Geestemünde gebracht und in der Tecklenborg-Werft vier Monate lang vom Kiel bis zum Flaggenknopf völlig überholt. Als schließlich im Spätherbst die gesamte Besatzung „auf unbestimmte Zeit für große Fahrt“ anmusterte,

rechts: Vollschiff „Greif“ verläßt im Schlepp die Weser zur Ausreise nach Australien

wie die amtliche Formel heißt, umfaßte sie 42 Mann. Außer dem Kapitän (Gustav Burmeister) waren das drei Offiziere, je ein Arzt, Koch, Kochsmaat und Steward, Bootsmann, Segelmacher, Zimmermann und Schmied — die auf Windjammern üblichen Handwerker —, sechs Vollmatrosen, sechs Leichtmatrosen, vier Jungmänner und 14 Schiffsjungen. Die Leichtmatrosen, Jungleute und Jungen galten als Zöglinge und bezogen halbe Tarifheuer. Von Lehrgeld, Zuschüssen und dergleichen war nicht die Rede, das hatten die Eigner nicht nötig. Die Reederei hatte die Besatzung sorgfältig ausgewählt, ungefähr die Hälfte entstammte Stettiner Familien, und alle Beteiligten hegten die Hoffnung, daß es so etwas wie die „Reise ihres Lebens" werden würde.

An einem kalten Januartag des Jahres 1924 trat das Stettiner Segelschulschiff „Greif", das seinen Heimathafen übrigens nie zu sehen bekam, im Ballast die Ausreise nach Südaustralien an. Dort wartete eine Weizenladung. Das Schiff segelte gut, und nach einem schweren Sturm in der Biskaya, bei dem es eine Anzahl Segel verlor, wurde nach 28 Tagen der Äquator mit der üblichen Linientaufe passiert. Unter der warmen Passatsonne lebte es sich leichter. Die Freiwache sang gemeinsam, spielte Schach und Skat und hörte die Vorträge des Ersten Offiziers und des Schiffsarztes. Haie gingen an die Angel, und Schweinsfische wurden harpuniert. Man denke sich das ganze ohne Drill und Uniformen, die Ausbildung bestand in der handwerklichen Segelschiffsroutine, ergänzt durch persönliche Fürsorge.

Nach ein, zwei anfänglichen Dampferbegegnungen traf man später kein einziges Schiff mehr. Der Westwind schob „Greif" an Tristan da Cunha und am Kap der Guten Hoffnung vorbei, und der Atlantik verwandelte sich in den Indischen Ozean. Albatrosse und Wale wurden zu ständigen Begleitern. Über allem der Westwind und die große Einsamkeit. Am Morgen des 8. Mai fiel nach einer Überfahrt von 105 Tagen der Anker

Gruppenbild mit Dame: in der Mitte die Frau des Kapitäns;
erste Reihe stehend, 3. v. rechts der Verfasser

vor Port Lincoln, einem hübschen Küstenflecken mit rund 2 500 Einwohnern am Spencer-Golf.

Etwa sieben Wochen später, am 23. Juni, trat „Greif“ mit 3 300 Tonnen Weizen in Säcken, von Berufsstauern beladen, die Rückreise nach Europa an. Der Kurs führte diesmal um Kap Hoorn ...

Auf dem Abschnitt zur Hoorn wurde die jetzt tiefbeladene „Greif“ aufs härteste beansprucht. Die ständigen Weststürme am Rande der Welt erzeugten unvorstellbar lange, hohe und wilde Seen. Ein Tief jagte das andere. Die Wachen bekamen keinen Augenblick Ruhe und lagen stundenlang, bis zur Erschöpfung auf den Rahen. Es erforderte alle Kraft, die von der Feuchtigkeit steif und schwer gewordenen Segel festzumachen. Die Nächte waren von einer Schwärze, die man mit den Händen zu greifen vermeinte. Dazwischen das gespenstische Leuchten der an Deck donnernden Seen.

In den Morgenstunden des zehnten Tages schien der schwere Sturm abzuflauen. Er schöpfte jedoch nur Atem, um nach grünlich fahlem Sonnenaufgang desto heftiger einzusetzen. Was da hinter dem Schiff herkam, waren buchstäblich rollende Hügel — keine Wellen. Man sah sie anlaufen, jeden einzelnen, höher und höher wachsen, bis sie kurz hinter dem Heck sekundenlang wie eine schräge Mauer dastanden, zu der man emporschauen mußte, wobei einem das Herz bis zum Halse klopfte.

Dann lüftete sich, wie von unsichtbarer Gewalt angehoben, das Heck. Unter ihm schob sich die ganze Wassermasse hindurch, lief an beiden Seiten des Schiffes entlang, das sich nach hinten neigte und schwer mit dem Ruder auf die See prallte. Zuweilen schlug das Wasser über ihm zusammen und füllte das Großdeck wie eine Schüssel bis zum Rande. Damit man es überhaupt passieren konnte, waren von vorne bis hinten Strecktaue zum Festhalten gespannt. In der Luft hingen Schleier von Wasserstaub, kein Horizont war mehr zu erkennen, nur wechselndes Auf und Nieder. Von oben trommelten Hagelböen. In den Ohren gellte das Geheule des Sturmes und das Getöse des Meeres. Kapitän und Steuermann, gegen das Kartenhaus gestemmt, schauten aus besorgten Augen auf Himmel und See.

Der alte Schiffskörper ächzte und stöhnte, aber er hielt durch. Bis die See ihm auf den Buckel stieg und das überkommende Wasser nicht mehr abfloß, weil es die dafür vorgesehenen Klappen in der Verschanzung verklemmt hatte. Höher und höher stieg es, das Deck in ein Bassin verwandelnd, aus dem nur noch die Aufbauten wie Inseln herausragten. Diese Überlast drückte die „Greif" noch tiefer hinunter.

Als die Trillerpfeife des Zweiten Steuermanns rief, den Schaden zu beheben, war es zwischen drei und vier Uhr nachmittags. Mit allerlei Brechwerkzeug bewaffnet, wateten wir durch brusthohes Wasser an Ort und Stelle, hämmerten und

Mann über Bord!
Schwere See auf dem Wege nach Kap Hoorn

stießen. Das kalte Wasser erschwerte das Atmen, Salz geriet in Mund und Augen, die nassen Kleidungsstücke hemmten die Bewegungen. Nur wenn man uns brüllend warnte, ließen wir alles stehen und liegen und sprangen zum Strecktau, um es mit beiden Armen zu umklammern. Der Guß, der einem überm Kopf zusammenschlug, hatte eine unwiderstehliche Kraft.

Die Arbeit zog sich in die Länge. Der Bootsmann rannte nach vorne, weiteres Werkzeug zu beschaffen. Er befand sich just wieder auf halbem Wege zurück, zwischen Vor- und Großmast, als sich das Schiff hart überlegte und quer zur See zu kommen drohte. Dabei sank es tief nach unten, als verlöre es den Boden unter den Füßen und fiele in ein Loch. Eine rasende Bö hatte eingesetzt. Dann war die Hölle los. Zwei entsetzte Stimmen schrien noch: „Wahrschau — kiek ut!"

Wie ein großer, grüner, gläserner Wall erhob sich das Meer, fegte der Länge nach über Deck und Aufbauten, alles unter sich begrabend und fortreißend. Es lüftete den Bootsmann an, der beide Hände voll hatte, und schwemmte ihn über die hohe Verschanzung hinweg außenbords, wo er sofort abtrieb.

Außenkante hatte sich zwischen Brassen ein Leichtmatrose verfangen. Sein gelbes Ölzeug leuchtete, er hielt ein Stück Holz an sich gepreßt und schrie mit unnatürlicher Stimme gellend um Hilfe. Obwohl wir nur wenige Meter von ihm entfernt waren, konnten wir ihm nicht einmal den kleinen Finger reichen und hatten Mühe, uns selber festzuhalten. Wieder kam es herangewälzt, diesmal noch höher als zuvor. Das Schreien des Leichtmatrosen brach unvermittelt ab. Das Schiff schüttelte sich, tauchte langsam wie ein wunder Wal wieder auf, und als sich die fürchterlichen Seen verlaufen und die Bö ihr letztes Fauchen ausgestoßen hatte, war der Platz des Leichtmatrosen leer . . .

Auf den Ruf „Zwei Mann über Bord!" ergriff der Kapitän Rettungsringe und schleuderte sie hinter den Verunglückten her. Aber seine Handlung war nur noch eine leere Geste. Wen dieser aufgebrachte Ozean schluckte, der stand jenseits aller menschlichen Bemühungen. Ein Boot auszusetzen war völlig unmöglich.

Weit, weit hinten im Kielwasser glitten sie zwischen Trümmern als ein gelber und ein schwarzer Punkt die rollenden Hügel hinauf und hinunter. Hinunter in die fallende Dämmerung und zu den Schatten der Vergangenheit. Es geschah am zehnten Tage der Heimreise.

Schneestürme, in denen die Takelage vereiste, fegten „Greif" in vier Wochen nach Kap Hoorn, das in Sichtweite vorüberzog. Gemessen an den bisherigen Strapazen wurde die Fahrt durch den Atlantik zur unbedeutenden Angelegenheit. An einem Sonntagabend im Oktober erschien voraus die englische Küste, und der Anker fiel in der Bucht von Falmouth. Nach

3-Mast-Toppsegelschoner „Sir Winston Churchill"
Englisches Schulschiff mit Mädchenbesatzung

einigen Wartetagen bekam „Greif" Bescheid, nach Limerick in Irland zu segeln und dort den Weizen zu löschen.

In Limerick wurde das Vollschiff „Greif" an die Reederei Vinnen Gebrüder in Hamburg verkauft. Der Schulschiffcharakter wurde aufgehoben, die Besatzung reduziert und ein Teil der Leute nach Deutschland zurückgeschickt. Die Rückreise hatte auch 105 Tage gedauert.

Das Schiffstagebuch des Windjammers meldete von jenem zehnten Tage der Heimreise kurz: „Nachmittagswache, orkanartiger Sturm, gewaltig hohe See, furchtbare Brecher über Deck und Aufbauten. Steuerbord-Rettungsboot über die Seite geschlagen, zwei Mann über Bord."

Freunde, ich weiß das so genau, weil ich das Protokoll als Zeuge mitunterschrieben habe. Ich bin mit an Bord gewesen und stand hinter dem Bootsmann, als es passierte. Es geschah zwischen Tasmanien und Neuseeland.

Keiner von uns hat „Greif" wiedergesehen. Das Vollschiff teilte das Schicksal vieler Windjammer und wurde 1928 verschrottet. Der Gedanke an diese Weltreise unter Segel, die uns um die beiden großen Kaps der Erde und durch drei Ozeane führte, zeigt das verblaßte Bild eines im Wasser versunkenen Stück Schiffsjungenlebens. Es ist der Traum von einem seemännischen Jugendland, das für immer vergangen ist und nie wiederkehrt . . .

Unglück auf der ganzen Linie

Hermann Ricklefs, Hafenkapitän in Bremerhaven, war 1922/23 auf dem stählernen Vollschiff „Landkirchen" (ex „Glückstadt" ex „Glenelvan") von Hamburg nach China und von dort zur Westküste gesegelt. Von der Heimreise sagt er:

... Die „Landkirchen" war das letzte von fünf stolzen Segelschiffen, die diesmal den Salpeterhafen Taltal verließen, aber sie war auch gleichzeitig eines der letzten Segelschiffe, die noch nicht als Schulschiff ihren Unterhalt teilweise mit Hilfe der Ausbildungskosten der Kadetten bestreiten mußte. Das große Sterben der regelrechten Windjammer hatte begonnen, die ohne Motor, ohne Funktelegrafie, ohne finanzielle Hilfe und daher mit äußerst knapp bemessener Besatzung ihr Dasein fristeten. Sie wurden als Schulschiffe eingerichtet, weil sie von den Frachten allein nicht mehr leben konnten. Sie blieben irgendwo als Lagerschiff oder Kohlenhulk liegen, oder sie gingen unter. So passierte unser Hamburger Dreimaster auf seiner Heimreise in der Nähe der Falklandinseln das noch mit dem Vorschiff aus dem Wasser ragende Wrack einer Bremer Viermastbark, deren Modell, von einem ihrer Matrosen gebaut, sich jetzt im Seeamt Bremerhaven befindet.

Vollschiff „Landkirchen" in Shanghai 1923

Nichtsdestoweniger — im Jahre 1924 hat es auch die „Landkirchen" mit dem Schulsegeln versucht, aber wenig Glück gehabt. Nach Italien verkauft, ging sie 1925 unter.

Es gehörte schon viel Wagemut dazu, um in dieser für die Segelschiffahrt so abträglichen Zeit noch neue Windjammer zu bauen. Bei der Germania-Werft AG in Kiel entstanden sozusagen auf Verdacht vier Dreimast-Rahschoner von 456 BRT: die „Annen", „Buckau", „Datteln" und „Gaarden". Sie waren schwer getakelt mit verhältnismäßig großer Segelfläche und wurden von einer neuen Hamburger Reederei übernommen: Beulwitz, Dönitz, Witt und Co. Die „Buckau" erlangte später eine gewisse Berühmtheit als das erste Rotor-Schiff, jene Konstruktion des Ingenieurs Flettner, die dazu dienen sollte, das Segelschiff in anderer Form fortzusetzen. Doch ist der

Fünfmast-Rahschoner „Carl Vinnen"

Flettner-Rotor nicht über das Erprobungsstadium hinausgekommen. Alle vier Schiffe nahmen ein tragisches Ende. „Annen", die nach Italien weiterverkauft wurde, blieb an der Westküste; „Datteln" kenterte 1922 im Nordweststurm bei Pillau, Ostpreußen; „Gaarden" strandete im gleichen Jahr bei Gjedser in Dänemark, und die „Buckau" fiel bei Kap Hattaras in Nordamerika einem Orkan zum Opfer. Damals war sie schon kein Rotorschiff mehr. Nach einer anderen Lesart ging die „Datteln" endgültig in der Chinesischen See unter.

Dann startete die Bremer Reederei F. A. Vinnen & Co. eine Reihe von Neubauten, mit denen sie in der Zeit zwischen den beiden Weltkriegen ganz erfolgreich war, zumal auch sie von den jungen Seeleuten Lehrgeld annahm. 1922 baute die Germania-Werft AG die Fünfmast-Rahschoner „Adolph Vinnen",

„Carl Vinnen", „Christel Vinnen", „Werner Vinnen" und „Susanne Vinnen". Es waren Schwesterschiffe von 80 Meter Länge, die rund 2500 Tonnen laden konnten und mit einem Hilfsmotor versehen waren. Völlig neuartig getakelt, sollten sie sowohl die achterlichen Winde der Passate als auch die seitlichen Küstenwinde ausnutzen können. Von ihren fünf Masten hatten der erste und der dritte Mast noch Rahsegel (Toppsegel), während die anderen drei nur Gaffelsegel führten. Man hatte sie besonders für die La Plata-Fahrt konstruiert, auf der die seitlichen Winde vorherrschen.

„Adolph Vinnen" ging schon nach wenigen Tagen auf seiner ersten Ausreise verloren. In einer eisigen Januarnacht strandete sie bei Kap Lizard am Ausgang des Englischen Kanals. Die Besatzung wurde mit der Hosenboje gerettet. Die restlichen Segler hielten sich gut und fuhren vorwiegend junge Besatzungen, die wie gesagt noch Geld mitbrachten, wie es auf Windjammern gang und gäbe geworden war. In den dreißiger

Gestrandet bei Kap Lizard
Fünfmast-Rahschoner „Adolph Vinnen"

Jahren wurden drei in reine Motorschiffe umgewandelt. Die „Susanne Vinnen" wurde nach Italien verkauft; aus ihr wurde als Fünfmast-Rahschoner ein Segelschulschiff namens „Patria". Eine große Viermastbark von 3476 BRT, 1921 ebenfalls bei Germania in Kiel gebaut, ist Deutschlands letztes größtes Segelschiff gewesen: die „Magdalene Vinnen", 100 Meter lang und 14,7 Meter breit. Dieser Windjammer hatte auch einen Hilfsmotor und wurde 1936 vom Norddeutschen Lloyd übernommen, der unter dem Namen „Kommodore Johnsen" wieder ein Frachtschulschiff für den Offiziersnachwuchs daraus machte.

Der Deutsche Schulschiff-Verein nahm recht bald mit dem übriggebliebenen Vollschiff „Großherzogin Elisabeth" sein Ausbildungsprogramm wieder auf. Im Sommer segelte sie in der Ostsee, und während der Wintermonate ging sie auf große Fahrt nach Westindien. Die unverwüstliche „Lisbeth" muß ein Seeschiff erster Güte gewesen sein, von dem sich andere, wie man so sagt, eine Scheibe abschneiden konnten. Der verstorbene Kapitän Fredersdorf berichtet von einer solchen Winterreise, als das Schiff den Englischen Kanal eben verlassen hatte und seinen Kurs nach Süden richtete:

... Am Abend des 19. Oktober sahen wir ein so prächtiges Meeresleuchten, wie ich es in meiner 25jährigen Fahrtzeit noch nicht gesehen habe. Das Schiff segelte stundenlang buchstäblich durch ein Feuermeer ... jedoch schien mir das prächtige Leuchten nichts Gutes zu bedeuten. Bereits am Tage waren die Obermarssegel und das Großsegel festgemacht, so daß nur noch die Fock festgemacht zu werden brauchte. Da das Barometer weiter schnell fiel, ein wolkenbruchartiger Regen einsetzte und die See sehr schnell zunahm, wurde das Schiff um 2.45 Uhr beigedreht. Die See lief bereits um 4.00 Uhr hoch und wild, es wehte mit Stärke 11—12.

Das Schiff arbeitete schwer und nahm viel Wasser über, so daß, um die überkommenden Brecher zu vermeiden, geölt werden mußte. Der Wind wurde noch stärker bei weiterhin fallen-

Die Viermastbark „Magdalene Vinnen“,
später Schulschiff „Kommodore Johnsen“

dem Barometer und hatte gegen 7.00 Uhr Orkanstärke erreicht. Bei wolkenbruchartigem Regen wehte es mit Windstärke 12! Um 7.20 Uhr flog das Voruntermarssegel aus den Lieken und um 10.45 Uhr das Großuntermarssegel. Das Bergen der Segelreste war trotz aller Anstrengungen einiger Offiziere, des Segelmachers und dreier beherzter Zöglinge vergebens, der Versuch mußte nach Stunden aufgegeben werden. Das Schiff lag nun vor dem vorderen Sturmstagsegel, dem Sturmbesan und dem Kreuzuntermarssegel, das den Sturm ausgehalten hat.

Das Schiff arbeitete in der hohen, wilden See fürchterlich und nahm trotz eifrigen Ölens verschiedene Brecher über. Um Unfälle zu vermeiden und auch, weil mir die armen, seit der Nacht total durchnäßten Kerlchen leid taten, hatte ich alle Zöglinge unter Deck gehen lassen, bis auf einige ältere, die sich achtern auf der Kampagne aufhielten. Da die Feuer in der

Kombüse wegen des durch den Schornstein eindringenden Wassers nicht brennen wollten und die Töpfe sich nicht halten ließen, mußte die Besatzung an diesem Tage mit kalter Kost vorlieb nehmen.

Nachmittags flaute der Wind plötzlich bis Stärke 3—4 ab und ging bei weiter fallendem Glase langsam nach Süden. Um 17.00 Uhr hatte das Glas mit 742 mm seinen tiefsten Stand erreicht, nachdem es in sechzehn Stunden um 18 mm gefallen war. Der Wind blieb weiterhin flau, jedoch arbeitete das Schiff in der hohen Dünung während der nächsten Tage schwer.

Da der orkanartige Sturm bei einem Barometerstand von 742 mm plötzlich abflaute, so nehme ich an, daß es sich um eines der seltenen, zwischen Madeira, den Azoren und der Biskaya durchziehenden orkanartigen Sturmgebiete handelte, das plötzlich eine Wendung von 8—10 Strich ausgeführt hat. Vielleicht handelte es sich um das Ende eines solchen Sturmes.

Trotz der schweren See hat sich die „Großherzogin Elisabeth" wacker gehalten. Das Spritzwasser der überkommenden Seen ging häufig über die Obermarsrahen hinweg. Einen derartigen orkanartigen Sturm und eine solche hohe See hatte ich während der langen Dienstjahre auf den Schulschiffen noch nicht mitgemacht ...

Als die „Lisbeth" schließlich doch aus der Fahrt gezogen wurde und vor der Seemannschule Waltershof einen festen Platz bekam, hatte sie schon eine Nachfolgerin gefunden, das „Schulschiff Deutschland". Das war ein wieder als Vollschiff getakelter Neubau, den Tecklenborg 1927 dem Verein geliefert hatte. In ihren Abmessungen stimmten sie fast überein: 68 Meter x 12 Meter, beide fuhren je rund 150 Zöglinge. Hatte die Ausbildung früher noch zwei Jahre gedauert, war man jetzt dazu übergegangen, die jungen Leute im zweiten Jahr auf eines der frachtfahrenden Schulschiffe abzugeben, damit sie dort die andere Seite der Seefahrt, nämlich den Transport von Ladungen kennenlernen sollten.

„Schulschiff Deutschland"

Nicht jeder Windjammer, der mit jungen Leuten bemannt war und von ihnen Lehrgeld erhob, durfte als Segelschulschiff angesprochen werden. Ganz so einfach war es nicht, da es von einigen Voraussetzungen abhing, von sachlichen und persönlichen. Die „Greif" war beispielsweise ein echtes fahrendes Schulschiff gewesen. Jetzt waren es die Barken „Bremen" (2470 BRT) und „Schulschiff Pommern" (1620 BRT) und die Vollschiffe „Hamburg" (1873 BRT) und „Oldenburg" (2259 BRT). Alle vier schon ein wenig betagt, auch ihr Stern neigte sich bald.

Das Vollschiff „Hamburg" (früher „Henriette 2", davor „Maréchal de Castries") war nach einer langen Überfahrt von 143 Tagen am 19. Oktober 1925 mit einer Ladung australischem Weizen in Falmouth in England eingetroffen. Vier Tage später wurde es nach Cork in Irland zum Löschen geschickt. Dicht vor dem Bestimmungshafen geriet das Segelschiff in orkanartiges Wetter und mußte beidrehen. In der hohen Atlantiksee arbeitete die „Hamburg“ schwer, nahm viel Wasser über und verlor mehrere Segel. Als nach drei langen Tagen und Nächten der Sturm unvermindert anhielt, entschloß sich der Kapitän, Dublin als Nothafen anzulaufen. In der Bucht verloren sie beide Anker samt Kette, und kein Schlepper ließ sich blicken, um ihnen beizustehen. In dieser Zwangslage riskierte der Kapitän alles und segelte vierkant in den Hafen hinein. Alles ging gut, aber da ...

Der Windjammer lief aus dem Ruder und geriet in der engen Einfahrt auf Grund. Im nächsten Augenblick rollten die Brecher bereits darüberhin. Mit der Flut kam das Schiff wieder flott, strandete aber kurz darauf auf einer Untiefe nördlich der Einfahrt. Nun war nichts mehr zu machen, und die Besatzung wurde von einem Boot der dortigen Rettungsstation abgeborgen.

Einer der Leute war der spätere Korvettenkapitän Günther Prien, der als „Stier von Scapa Flow“ mit seinem U-Boot im Kriege in den britischen Flottenstützpunkt einbrach. Er kam von der Seemannschule Waltershof und erhielt auf der „Hamburg“ eine Freistelle, weil er sich geweigert hatte, für seine Arbeit auch noch Geld zu bezahlen. Prien schreibt:

... Kurz nach fünf Uhr nachmittags kam das Rettungsboot aus Kingstown und nahm uns über. Wir hatten es schon eine Weile in der Dämmerung heranpuckern hören. Der „Alte“ saß am Vorsteven, und ich konnte ihm gerade in die Augen sehen. Er hatte die Lippen aufeinandergepreßt und blickte starr geradeaus auf das Wrack der „Hamburg“. Den Chronometer hielt er zwischen den Knien, und sein Gesicht war wächsern blaß. Als wir in Dublin ankamen, war es Nacht. Man fuhr uns durch die dunklen Straßen der fremden Stadt, und wir wurden in einem Heim der Heilsarmee untergebracht. Es gab keinen Alkohol dort, nur Tee und Sandwiches. Vorher sangen die Soldaten der Heilsarmee ein frommes Lied, und wir mußten

mitsingen. Wir kannten den Text nicht, aber die Melodie war wie von einem unserer Shanties. Am nächsten Tag hatte sich der Sturm gelegt, und wir fuhren hinaus zur „Hamburg". Das Schiff sah schlimm aus. Die Decksaufbauten waren von den Wellen zerschlagen, und in den Logis stand fußhoch das Wasser.

Wir arbeiteten Tag und Nacht mit Handpumpen. Dann, als der feuchte Weizen anfing zu quellen, schleppten wir die Säcke an Deck, schlitzten sie auf und schütteten den Weizen ins Meer. Fast 34000 Säcke waren es, genug, um eine ganze Armee Heißhungriger satt zu machen. So lagen wir sechs Wochen vor Dublin fest. In der Stadt waren wir sehr beliebt, wegen unserer Frömmigkeit. Denn die Leute von der Heilsarmee hatten unseren inbrünstigen Gesang sehr gelobt. Nach sechs Wochen war das Schicksal der „Hamburg" entschieden. Abgewrackt — nicht mehr zu reparieren!

Vollschiff „Hamburg" in Pensacola, Florida, 1924

„Schulschiff Pommern“ (früher „Elfrieda“, davor „Amasis“, davor „Saxon“) verließ im Verlauf einer Ausbildungsreise am 10. November 1928 Las Palmas im Ballast, um nach Plymouth zu segeln. Die Bark war sehr stark bemannt, es müssen etwa 65 Mann an Bord gewesen sein. Am 18. November frischte der Südwestwind auf und erreichte Sturmstärken. Auf der Höhe der Azoren artete er in orkanartige Regenböen aus. Die See war zu gewaltigen Wellenbergen angewachsen, in denen das von den Brechern überflutete Schiff nach beiden Seiten gefährlich überholte. Auf den Sturm folgte eine hohe Dünung, in der das rollende Schiff von beiden Seiten Wasser schöpfte.

Am 23. November war der Wind wieder zum vollen Orkan angewachsen. Bis auf die Untersegel wurden alle Lappen festgemacht. Am andern Morgen erreichte die in Gischt gehüllte „Schulschiff Pommern“ den Eingang des Englischen Kanals. Nach der Mitteilung eines Dampfers standen sie etwa fünfzehn Meilen südlich von Lizard. Das erwies sich später als falsch, und „Schulschiff Pommern“ drehte bei, um nicht an ihrem Zielhafen vorbeizutreiben. Nach einigen kleineren Schäden in der Takelage brach dem schwer überholenden Windjammer in einer rasenden Bö der Vormast ab und stürzte krachend über Bord. Im Fallen riß er den Großmast mit sich und vom Besan die Stenge. Die in der Takelage arbeitenden Leute rutschten blitzschnell herunter und kamen mit leichteren Verletzungen davon.

Auf die Notsignale von „Schulschiff Pommern“ rief der in der Nähe stehende deutsche Dampfer „Rhön“ den Hochseeschlepper „Seefalke“ zu Hilfe, der den in Seenot befindlichen Windjammer hilflos zwischen Takelagetrümmern vorfand, die gegen die Bordwand donnerten und sie leck zu schlagen drohten. Ein Rettungsboot war ebenfalls zerschmettert.

Aus den lebensgefährlichen Arbeiten an Deck hielt man die Schiffsjungen möglichst heraus. Bei völliger Dunkelheit gelang es, gegen 21.00 Uhr, mit „Seefalke“ eine Schleppverbindung herzustellen, die in der hohen See aber wieder brach. Auch der von dem Schlepper herbeigerufene Bergungsdampfer „Heros" versuchte vergeblich, das anscheinend sinkende Schiff in seinen Griff zu bekommen. Vor dem heulenden Sturm trieb nun „Schulschiff Pommern" unablässig auf die Kanalinseln zu. Man fürchtete dort zu stranden, und nach einem Schiffsrat beschloß der Kapitän, die größtenteils aus Schiffsjungen bestehende Besatzung bis auf zehn Mann an „Heros" abzugeben. Mit einer etwa 200 Meter langen Leine, die in der Mitte eine Schlinge hatte und zwischen beiden Schiffen hin und hergeholt wurde, verließ einer nach dem anderen das zerschlagene Segelschulschiff und wurde von „Heros" durchs Wasser gezogen und aufgenommen. Das war mittags.

Inzwischen hatten sich vier große Passagierdampfer an der Unfallstelle eingefunden, um den Schauplatz abzuschirmen und die See ein wenig mit Öl zu dämpfen. Einer der Dampfer wollte ein Rettungsboot zu Wasser bringen, das ihm aber an der eigenen Bordwand zerkrachte. Brüllender Novemberorkan und himmelhohe See.

Als die Dunkelheit fiel, hörte „Heros" einstweilen auf. 55 Mann hatte man schon von der „Schulschiff Pommern" abgeborgen. Dann sichteten sie ein nur noch etwa fünf Seemeilen entferntes Leuchtfeuer auf den Kanalinseln, sahen, wie sie näherkamen, und beschlossen weiterzumachen. Im gleißenden Scheinwerferlicht der „Heros", das die weißen Kämme der Brecher gespenstisch aufleuchten und alles vor Nässe glitzern ließ, gingen auch die restlichen Besatzungsmitglieder von Bord. Als letzte der Kapitän und seine Offiziere. Es war 20.00 Uhr, eine neue Orkannacht begann. Würde sich jetzt das Schicksal der „Schulschiff Pommern" vollenden?

Der Bergungsdampfer „Heros", selbst beschädigt, brachte die Windjammerleute nach Plymouth, wo Retter und Gerettete von der Bevölkerung und von den britischen Behörden vorbildlich betreut wurden, wie man es immer in solchen Situationen von diesen gewohnt ist. Das entmastete Wrack der „Schulschiff Pommern" ging entgegen allen Erwartungen weder verloren, noch strandete es. Drei Tage lang trieb es zwischen den Kanalinseln, in den Krallen von Sturm und Gezeiten, hin und her. Nachdem der Orkan endlich abflaute, wurde es von Fischern aus St. Malo geborgen und nach Cherbourg eingeschleppt. Es war nur noch Alteisen, das der Deutsche Schulschiff-Verein als Schrott verkaufte.

„Oldenburg" mit Nottakelage im Nordatlantik

Das Vollschiff „Oldenburg" (früher „Laennec") hat nur drei Reisen als Schulschiff gesegelt. Im Winterhalbjahr 1929/30 geriet der Windjammer auf der Rückfahrt von den USA nach Schweden im Nordatlantik in schweres Wetter. Wie sollte es auch wohl anders sein! Was man nicht voraussah: seine Ladung verrutschte, und das Schiff lag tagelang mit gefährlicher Schlagseite beigedreht — klar zum Umfallen! Mit vereinten Kräften gelang es der Besatzung jedoch, das Schiff wieder auf ebenen Kiel zu trimmen, das heißt ins Gleichgewicht zu bringen, und den schwedischen Hafen zu erreichen. Dann wurde es im gleichen Jahr nach Finnland verkauft und als stationäres Schulschiff in Abo-Turku angebunden. Sein neuer Name war „Suomen Joutsen".

Von der Bark „Bremen" (früher „Lisbeth", davor „René") wäre am wenigsten zu berichten, und das ist unter diesen Umständen vielleicht auch das Beste, was man sagen kann. Sie war ein langsamer Segler, der sich nie groß hervortat, und geriet nach den vorliegenden Informationen 1925 unter die frachtfahrenden Schulschiffe. Ende 1932 wurde die Bark „Bremen" in Hamburg abgewrackt, nachdem sie zuletzt noch als Hintergrund für einen Abenteurerfilm von Harry Piel eine Rolle gespielt hatte.

Wenn Ihr das alles lest, Freunde, werdet Ihr Euch am Ende Eure eigenen Gedanken machen. Aber anderswo ging es auch nicht besser, und so kommen wir gleich auf das Segelschulschiff „Niobe" der ehemaligen Reichsmarine zu sprechen. Der Segler war im Jahre 1913 als Viermastgaffelschoner „Morten Jensen" im dänischen Frederikshavn erbaut worden und später nach Norwegen gekommen. Unter norwegischer Flagge wurde er im Ersten Weltkrieg als Prise aufgebracht und ging dann auf die Reichsmarine über. Auf diesem 46 Meter langen und mit einem 240-PS-Motor ausgestatteten Segelschiff, dessen Wasserverdrängung 650 Tonnen betrug, wurde der militärische Seeoffiziers- und Unteroffiziersnachwuchs seemännisch ausgebildet. Erster Kommandant des Segelschulschiffes „Niobe" war Felix Graf Luckner, mittlerweile Korvettenkapitän, von dessen Kaperfahrten und buntem Lebenslauf schon zu lesen gewesen ist. Alle Beteiligten sind sich darüber klar, daß man schwerlich einen Besseren finden konnte, ungeachtet seiner zuweilen ungewöhnlichen Methoden. Die farbigen Augenzeugenberichte aus jenen schönen Tagen gipfeln gewöhnlich in einem Pech-und-Schwefel-dicken Zusammenhalt an Bord: Stürmisch die Nacht, und die See geht hoch ...

Der Verfasser dieser Chronik ist als Junge selber einmal in Kolberg an Bord der „Niobe“ gewesen und kann wohl sagen, Schiff und „Seeteufel“ haben kräftig dazu beigetragen, daß er ebenfalls zur See ging. Damals war die „Niobe“ noch ein Viermastgaffelschoner. Später entfernte man einen Mast und takelte das kleine Schiff zur Schonerbark um.

Am 26. Juli 1932 ging in heimischen Gewässern innerhalb von wenigen Minuten das Segelschulschiff „Niobe“ der Reichsmarine unter. 69 Besatzungsmitglieder verloren ihr Leben. Dieser Verlust war der schwerste, den die junge Marine mitten im Frieden erlitt, und war für alle unfaßbar. Es war die dritte „Niobe“ der deutschen Marine. Bis 1890 hatte es ebenfalls ein Segelschulschiff und danach bis 1926 einen kleinen Kreuzer gleichen Namens gegeben. Die Niobe ist eine tragische Frauengestalt der griechischen Sage, die ihre sieben Söhne und sieben Töchter durch die Pfeile des Apoll und der Artemis sterben sehen mußte und darüber versteinerte.

Nun zur Sache: Unsere heimischen Gewässer pflegen sich nicht gerade durch wechselvolle Wetterverhältnisse auszuzeichnen; sprunghafte Überraschungen sind in der gemäßigten Zone selten. Jene Gewitterfront aber, die am 26. Juli 1932 über der Insel Fehmarn aufzog, verwandelte die sommerlich heitere Ostsee im Handumdrehen in den Schauplatz einer Tod und Verderben verbreitenden Katastrophe. Unter Führung von Kapitänleutnant Ruhfus hatte die „Niobe“ Kiel zu einer Ausbildungsfahrt in die östliche Ostsee verlassen. An Bord befanden sich 6 Offiziere, 50 Offiziers- und Unteroffiziersanwärter, neben einer Stammbesatzung von 25 Mann und einigen Freiwilligen der Sanitätsoffizierslaufbahn. Die meisten Anwärter waren erst seit dem 1. Juli an Bord und sollten am Ende der Reise ihr Seekadettenexamen ablegen.

Bark „Bremen“,
ein frachtfahrender Schulsegler

Bei leichtem südlichem Wind Stärke 2—3 hatte das Schiff alle Segel gesetzt und näherte sich um die Mittagszeit der Insel Fehmarn. Es wurde noch von der damals weltbekannten „DO X" überflogen und passierte kurz nach 14.00 Uhr unter Signalwechsel auf Südost-Kurs das Feuerschiff Fehmarnbelt im Abstand von einer halben Seemeile. In der Nähe befand sich auch der Hamburger Dampfer „Therese Russ". Während sich die eine Wache beim Unterricht im Zwischendeck aufhielt, ließ der Kommandant wegen der über Fehmarn aufziehenden Gewitterfront von der anderen Wache die oberen Segel wegnehmen.

Die Aussagen über die folgenden Ereignisse sind ebenso kurz wie eindeutig. Sie besagen, daß etwa um 14.25 Uhr die beobachtete Gewitterfront mit heftigem Regen durchbrach, daß der Wind von Süd auf Südwest umsprang und sehr schnell auf Stärke 7 bis 9 auffrischte. Unter der Wucht der harten Bö legte sich „Niobe" sofort „hart über und in kürzester Zeit ganz auf die Seite", das heißt, sie kenterte. Das Wasser ergoß sich durch die wegen der Wärme offenen Bullaugen und Niedergänge und brachte das Schiff zum Sinken. Da das Unheil so plötzlich hereingebrochen war, gelang es den unter Deck befindlichen Soldaten nicht mehr, sich zu befreien. Das Schiff nahm sie mit in die Tiefe. Der Untergang der „Niobe" geschah in etwa drei bis fünf Minuten. Um es zu veranschaulichen: in etwa der Zeit, die man braucht, um diesen Bericht bis hierher zu lesen . . .

Die Augenzeugen des Unglücks, das Feuerschiff Fehmarnbelt und die „Therese Russ", entsandten unverzüglich ihre Boote mit höchster Eile zur Unfallstelle. Die Überlebenden trieben „in einem Umkreis von fünfzig bis hundert Meter zum Teil mit, zum Teil ohne Schwimmwesten, andere sich an Inventarien über Wasser haltend". Zusammengenommen wurden 40 Mann von 109 gerettet, darunter auch der Kommandant. Als die auf die SOS-Rufe des Feuerschiffs im Laufe des Nachmittags ankommenden Kreuzer „Köln" und „Königsberg" (mit den Admirälen Kolbe, Hansen und Albrecht an Bord), als ferner deutsche Schnellboote, dänische Wachtschiffe und Flugzeuge an der Unfallstelle eintrafen, bot sich ihnen nur noch ein großer Ölfleck dar.

Die über dem Wrack in 28 Meter Wassertiefe ausgebreiteten Segelflächen und Takelagetrümmer verwehrten anfangs den Tauchern den Zugang ins Schiffsinnere. Hamburger Bergungsschiffe schafften es dagegen in verhältnismäßig kurzer Zeit, den gekenterten Segler zu heben. Die Toten wurden beigesetzt, die Überlebenden nach Stralsund kommandiert und das Schiff abgewrackt. Der Zwang, nun einen Teil des verlorenen Offiziersnachwuchses beschleunigt zu ersetzen, veranlaßte die Marine, geeignete Patentinhaber aus der Handelsschiffahrt zu übernehmen. Zu diesen gehörte auch Günther Prien, der das Ende der „Hamburg" miterlebt hatte und nachher zur U-Bootwaffe kam.

Das wegen der „Niobe" angestrengte Ermittlungs- beziehungsweise Kriegsgerichtsverfahren ergab nichts Belastendes gegen Kommandant und Wachoffizier, einen bewährten Oberbootsmann. Sie hatten begonnen, die Segel fortnehmen zu lassen. Man mußte ihnen zugestehen, daß sie kaum die ganz ungewöhnlichen Windverhältnisse, geschweige denn deren Folgen übersehen konnten. Der Untergang des Marineschulschiffs, noch dazu aus heiterem Himmel, lag nicht nur außerhalb ihres eigenen Vorstellungsvermögens. Die Tatsache, daß sich das Schiff unter dem Windstoß sofort hart überlegte, sprach für die ausgezeichnete Beschaffenheit des von der Marine gepflegten Materials. Auf einem alten oder „vergammelten" Windjammer wären wahrscheinlich die Segel weggeflogen oder die Stengen gebrochen und hätten den Druck verringert. Hier gab es nicht die geringste schwache Stelle, und das — so widersinnig es auch erscheinen mag — wurde dem Segler zum Verhängnis.

Eine andere Frage ergab sich allerdings: nämlich ob das Umtakeln des Schiffes vom Viermastgaffelschoner zur Schonerbark und das Verlagern großer, breiter Segelflächen nach oben seiner Stabilität abträglich gewesen sein könnte. Dagegen spricht, daß die „Niobe" jahrelang unfallfrei als Schonerbark gesegelt hat.

Das war die „Niobe"

Wer segelte sonst noch in Deutschland? Ich wüßte keinen außer F. Laeisz. Aber da war noch ein Außenseiter. In den Wintermonaten konnte man im Geestemünder Holzhafen noch ein hölzernes Vollschiff mit allen Merkmalen des Alters liegen sehen. Um sein Achterdeck zog sich eine Art von Rokoko-

Balustrade, und am Bug haftete als Galionsfigur die Büste eines vom Zahn der Zeit angenagten schnurrbärtigen Mannes, der einen an Rübezahl denken ließ. Jeden Augenblick erwartete man die schweren Schritte eines Sigismund Rüstig über die hölzernen Planken poltern zu hören. Doch nichts von beiden traf den Nagel auf den Kopf, wenn auch die ganze Arche geradewegs aus dem „Fliegenden Holländer" hierher versetzt zu sein schien.

Der Windjammer hieß „Kaiser" (der mit dem Bart), gehörte W. Schuchmann, war eines der letzten Bremer Segelschiffe — und nicht ganz ohne Romantik. Obwohl das Schiff über ein halbes Jahrhundert auf seinem sichtbaren Buckel hatte, wurde es doch noch gern in der sommerlichen Tabakfahrt von Nordamerika nach Bremen beschäftigt. Diese alten „Tabakskästen" waren zu nichts anderem mehr nütze. Während der langen Reise im trockenen Laderaum fingen die Tabakblätter so schön an zu schwitzen, was ihnen nur förderlich war. Schließlich war auch für den alten „Kaiser" einmal der Bart ab. Der morsche Kahn wurde zum Kleinholzmachen in die Ostsee verkauft. Die Bremer beeilten sich, ihn seetüchtig zu machen, und klopften hier und da ein bißchen. Dann machten sie drei Kreuze. Sie hatten auch allen Grund dazu. Kaum in der Nordsee, schluckte die Arche soviel Wasser, daß alles Pumpen nichts mehr nützte. Auf der Unterelbe ist sie ganz undramatisch abgesackt.

Was die Reederei Laeisz betraf, so griff sie nach dem Ersten Weltkrieg sofort zu und kaufte folgende Windjammer zurück: „Passat", „Pamir", „Parma", „Peking" und „Pinnas". Außerdem hatten Blohm & Voss ihr 1919 noch die „Priwall" gebaut, und Joh. C. Tecklenborg lieferte 1926 noch eine wunderschöne Viermastbark von 3064 BRT — die „Padua". Es war der letzte Neubau eines Tiefwasserseglers in aller Welt.

Und wieder eilten zwischen der Elbe und der Westküste die hohen, schlanken „Flying P-Liner" hin und her, Stückgüter mit nach draußen nehmend, von der Stecknadel bis zum

Klosettbecken, und Salpeter zurück. Die Reederei verkehrte regelmäßig wie eine Dampferlinie. Ihre umsichtige Geschäftsführung unterhielt an der Westküste ein ganzes Netz von Vertretungen und einen eigenen Leichterdienst. Sie verfügte über Kapitäne, die hervorragend zu segeln verstanden, und ihre Windjammer waren außer einer kleinen Stammbesatzung mit Zöglingen besetzt, die es sich zur Ehre anrechneten, bei F. Laeisz fahren zu dürfen, wenn es auch schwerfiel. Und so sah es denn beinahe so aus, als ob man hier noch einmal die Segelschiffahrt in gewinnbringende Bahnen zu steuern vermöchte. Zwar wurde 1929 die „Pinnas" bei der Hoorn entmastet und aufgegeben, was jedoch das Gesamtbild wenig beeinflußte. Aber da bricht im Herbst 1929 im fernen New York in der Wall Street die Börse zusammen. Und dieser Zusammenbruch ist wie ein Stein, der in einen Teich fällt und seine Kreise zieht. Weltweite Kreise. Wer kauft jetzt noch Chilesalpeter, wer deutsche Waren?

Ganze Dampferflotten legen auf und natürlich die großen Windjammer dazu. Und Laeisz stößt ab, lediglich die Viermastbarken „Priwall" und „Padua" wurden zurückbehalten. Die Viermastbark „Peking" geht für 6500 Pfund Sterling nach England und wird zum verankerten Schulschiff „Arethusa", das man in seinem Äußeren kaum noch wiedererkennt. Die lange ausgebotene Viermastbark „Parma" kauft ein finnischer Kapitän für den Spottpreis von 34000 Mark. Die Viermastbarken „Pamir" und „Passat" aber gehen auf den finnischen Reeder Gustaf Erikson über, der nunmehr voll in unser Blickfeld rückt. Die Finnen treten das Erbe der großen Windjammer in der Welt an.

Die deutsche Jugend kommt aus dem Binnenland nach Hamburg und guckt sich die Augen aus nach dem sprichwörtlichen Mastenwald. Es ist keiner mehr da. Sie übernachtet auf einem alten Windjammer, den man gerupft und zur Jugendherberge

Jugendherberge „Hein Godenwind" in Hamburg

ausgebaut hat. Das Wohnschiff trägt den Namen „Hein Godenwind". Früher war es der Vollrigger „Pellworm" (davor „Faith" ex „Maréchal de Suchet"). Vergänglich ist der Ruhm der Welt . . .

Weizen von Australien

In der oberen Ostsee, am Eingang zum Bottnischen Meerbusen, liegen die Ålandinseln. Ursprünglich schwedisch, fielen sie unter dem Nachfolger Karls XII. an Finnland. Die Ostsee-Randstaaten gestanden ihnen vertragliche Unantastbarkeit zu, und nicht zuletzt deshalb hat sich auf ihnen der rein schwedische Einfluß erhalten. Diese Inseln brachten schon immer einen Menschenschlag hervor, der wegen seiner Sparsamkeit, seines Fleißes, seiner Anspruchslosigkeit und Energie hervorragendes Personal für die Windjammer aller Flaggen stellte. Obgleich sie es liebten, die unendlichen Flächen der Ozeane abzugrasen, blieben sie doch zeitlebens dem kargen Boden ihrer rund sechstausend Inseln und Eilande verhaftet.

Seit der Jahrhundertwende begannen die Åländer, die großen stählernen Segelschiffe aufzukaufen, die man anderswo nicht mehr gewinnbringend laufen lassen konnte. Einer von ihnen hatte sein Herz an die Veteranen des Tiefwassers verloren und setzte seine Ankäufe mit einer Beharrlichkeit fort, die ihm in der ganzen Schiffahrt treibenden Welt einen Namen machte. Mit ihm verband sich schließlich der Begriff der Segelschifffahrt schlechthin und untrennbar: Gustaf Erikson aus Mariehamn. Er war selbst Seemann und Kapitän gewesen, und wenn ihn die Fama auch hier und da einen Schiffskoch nennt, so ist das eine ihrer üblichen Ranken. Jeder Seemann der alten Schule ist in seinen Mannschaftsjahren irgendwann mal Schiffskoch gewesen. Das brachten die Umstände eben mit sich. Kapitän und Segelschiffsreeder Gustaf Erikson, den die Welt später „the grand old man of Mariehamn" zu nennen pflegte, ist Anfang der vierziger Jahre verstorben.

1922 kaufte Erikson sein erstes Schiff, die Viermastbark „Herzogin Cecilie". Das ehemalige Lloydschulschiff und die vormals englische Viermastbark „Lawhill" bildeten den Grundstock seiner Flotte, die bald eine ganze Reihe bekannter Windjammer umfassen sollte. Er erwarb unter anderem die Barken „Winterhude" (ex „Mabel Rickmers") und „Penang" (ex „Albert Rickmers"), die Viermastbarken „Ponape", „Pamir", „Passat" und „Pommern" (ex „Mneme"). Er kaufte das ehemalige belgische Segelschulschiff „L'Avenir", die „Archibald Russel", die „Olivebank", die „Melbourne" und die vom Pech verfolgte „Hougomont". Er sammelte auch noch die Bark „Killoran", das Vollschiff „Grace Harwar", die Viermastbark „Moshulu" (ex „Kurt"), die „Viking" und andere.

Für das Lloydschulschiff „Herzogin Cecilie" brauchte Erikson nur 4000 Pfund Sterling zu bezahlen, das waren damals etwa 80000 Mark. Es war erst zwanzig Jahre alt und wurde sein Flaggschiff, das weiterhin bemerkenswert gut segelte. Allgemein beachtet wurde seine Wettfahrt mit der schwedischen Viermastbark „Beatrice" 1927/28 von Port Lincoln nach Falmouth. Während die Schwedin 114 Tage benötigte, kam ihr die „Herzogin Cecilie" mit 96 Tagen weit zuvor. Dabei wurde sie nicht mehr von fünfzig und mehr Kadetten, sondern nur noch von rund zwei Dutzend Seeleuten bedient. Hinter diesen aber stand Eriksons bekanntester Kapitän Reuben de Cloux.

Die „Herzogin“ ist schließlich in der Nacht vom 25./26. April 1936 auf der Heimreise von Australien im dichten Nebel am Fuße der Steilküste von Devonshire, England, gestrandet. Sie hatte bis dahin nur 88 Tage gebraucht und wurde von Kapitän Sven Erikson, dem Sohn des Reeders, geführt. Es war gleichzeitig dessen Hochzeitsreise. Seine junge Frau aus britischem Adel hatte, um der Form zu genügen, als Matrose angemustert. Der Nebel bereitete der Reise jedoch ein tragisches Ende.

Durch Notsignale herbeigerufen, erschien morgens gegen 3.00 Uhr das Rettungsboot von Salcombe und erreichte, nicht ohne Schwierigkeiten wegen des Nebels und starker Brandung, den Windjammer. 21 Mann Besatzung, 12 Kadetten und ein weiblicher Passagier wurden an Land gebracht. Kapitän Erikson, seine Frau und sechs Offiziere blieben noch an Bord. Bei Tagesanbruch trafen zwei Bergungsdampfer an der Unfallstelle ein, vermochten aber nichts mehr auszurichten, da der Boden der „Herzogin Cecilie“ von den Felsen aufgerissen und das Segelschiff verloren war. Es hatte Anweisung gehabt, seine Weizenladung in einem Hafen der englischen Ostküste zu löschen.

Nun wurden über eine Seilverbindung die Habseligkeiten der Besatzung und die wertvollen Instrumente an Land geschafft. Als nichts mehr zu retten war, gingen auch Kapitän Erikson und seine junge Frau von Bord. Sie hatten sich bis zuletzt gesträubt, den schönen Windjammer als Strandgut anzusehen, mußten ihn aber nun seinem Schicksal überlassen. Die „Herzogin Cecilie“ hatte drei Jahrzehnte lang unfallfrei gefahren und zählte wegen ihrer vielen guten Reisen zu den schnellsten Segelschiffen ihrer Zeit. Die Strandung wurde auf Stromversetzung und auf magnetische Einwirkung, die den Kompaß beeinflußten, zurückgeführt. An dieser Stelle der Küste hatten sich früher schon Schiffbrüche ereignet.

Eriksons Gegenstück zur „Herzogin Cecilie“ war die „L'Avenir“ (Die Zukunft), die er 1932 neben „Passat“ und „Pamir“ übernahm. Es handelte sich um eine sehr gefällige Viermastbark, 1909 von der Rickmers-Werft als Frachtschulschiff für die „Association Maritime Belge“ gebaut. Unter Eriksons Flagge hat das Schiff in seinen vielen Wohnräumen auch Passagiere mitgenommen, die sich um der Romantik willen einem Windjammer anvertrauten. 1937 hat er die „L'Avenir“ an die Hamburg-Amerika-Linie abgegeben, die es für ihren eigenen Nachwuchs wieder in ein Segelschulschiff verwandelte.

Denn in Deutschland griffen die führenden Reedereien schon zur Selbsthilfe. Für einen jungen Mann war es dort alles andere als einfach, seinen Weg über ein großes Segelschiff zu machen. Es war nicht damit getan, daß man sang: „Sein höchster Wunsch war, Seemann einst zu werden, in einer Hafenstadt

Die Viermastbark „Lawhill“ im Ballast.
Mit ihr fing Erikson an. Das Schiff trägt
an der Seite noch die neutrale „Kriegsbemalung“

schifft er sich ein.“ Mit Ausnahme ganz weniger Großsegler verschiedener Nationen, der allerletzten „Flying P-Liner“ von Laeisz, von einigen Windjammern, die als Einzelgänger in Sonderdiensten ihr Dasein fristeten, vereinigte Erikson nun wohl alle restlichen Windjammer in seiner Hand.

Jugendliche aus aller Welt liefen ihm zu, um als „apprentices“ anzumustern, wie man in England die seemännischen Anwärter nennt. Sie kamen aus guten Familien und brachten gleich das nötige Kleingeld mit, um nur ja auch all die Mühseligkeiten und Entbehrungen eines echten Windjammers auf sich nehmen zu dürfen. Erik Newby erwähnt, daß er oder vielmehr seine Eltern für ihn im Jahre 1938 für eine Reise auf der „Moshulu“ den Betrag von 50 Pfund Sterling zuzuzahlen hatten.

Erikson mußte seine Windjammer zwangsläufig auf dem letzten Betätigungsfeld einsetzen, das ihnen noch verblieben war: in der Weizenfahrt von Australien. Der fünfte Kontinent hatte sich zu einer wahren Kornkammer entwickelt und führte große Getreidemengen aus. Und da kamen die Segelschiffe gerade recht; denn diese hatten eins: Zeit. Kein Dampfer hätte wochenlange Liegezeiten in den sehr einfachen Ladeplätzen Südaustraliens rund um den Spencer-Golf in Kauf nehmen können: in Port Augusta, Port Victoria, Port Pirie, Port Lincoln, Port Germein, Port Broughton. Dort, wo man den Weizen aus dem Inland in Säcken hinbrachte, ihn unter Wellblechüberdachungen stapelte, ihn Sack für Sack in Tauschlingen packte, die von den Schiffen in großen Hieven mit eigenem Geschirr angelüftet und in den Laderaum gesenkt wurden, wo Stevedores Sack für Sack wieder auspackten und aufschichteten. Manchmal baute man den Säcken hölzerne Rutschen, die sie hinunterschlidderten; manchmal kam es zu längeren Pausen, wenn der Weizenstapel auslief und die nächsten Waggons noch nicht da waren. Wir selbst haben mit der „Greif“ sechs Wochen in Port Lincoln geladen und alles in allem sieben Wochen in Australien zugebracht. Kurz und gut, kein Dampfer hätte sich das umständliche Verfahren leisten können, ohne viel Geld zu verlieren. Ein Segelschiff konnte es.

Ein Segelschiff erhielt etwa zwei Mark für jeden Zentner Weizen, den es nach Europa brachte — wenn es hoch kam. Dafür aber mußte es zuvor erst einmal nach Australien segeln, und zwar im Ballast, wohlgemerkt; denn niemand vertraute ihm eine Ladung dorthin an. Mit anderen Worten: der Reeder schickte seinen Windjammer auf eigene Rechnung erst einmal um die halbe Welt, er nahm die Unkosten und das Risiko einer Hunderttagereise auf sich. Er hatte vorweg mehr als drei Monate seine Seeleute zu verpflegen und zu besolden (abgesehen von den jugendlichen „Zuzahlern"), er hatte Hafengelder, Lotsengebühren und ähnliches zu bestreiten. Und das alles, bevor er auch nur einen einzigen blanken Shilling zu Gesicht bekam. Zugegeben, Freunde, das war ein bißchen viel verlangt. Und so wurde denn an allen Ecken und Enden gespart. An den Löhnen und Gehältern, vielleicht an der Verpflegung, an der Versicherung. Die meisten Windjammer waren schon nicht mehr versichert, die hohen Prämien hätten den geringen Profit aufgefressen. Sie hatten sich bereits bezahlt gemacht. Wenn sie weg waren, merkte man es nicht sehr.

Hatte der Windjammer sich endlich mit Weizen vollgeschluckt und die lange Heimreise angetreten, eilten ihm die Ladepapiere auf dem Postwege voraus und waren längst in Europa angelangt, während er noch Meile um Meile am Ende der Welt zurücklegte und nicht wußte, was man über seinen Kopf hinweg bestimmte. Seine Anweisung lautete im allgemeinen „Falmouth for order". Dort, am Eingang zum Englischen Kanal, erfuhr er dann den endgültigen Zielhafen.

Inzwischen wurde seine Weizenladung an der Börse ausgeboten, gekauft, wieder verkauft und wieder ausgeboten. Während sie im Bauch des Windjammers über die Ozeane glitt, wechselte sie auf dem Papier mehrmals den Eigentümer, der wiederum nicht mehr von seiner Ware wußte als vom sprichwörtlichen Schloß im Mond. Er machte sich auch keine Kopfschmerzen. An Bord war der Weizen gut aufgehoben, er brauchte keinen Speicher und kostete kein Lagergeld. Unterwegs wußten Seemann und Kaufmann wenig mehr als nichts von einander. Erst wenn in Falmouth der Anker fiel und der Weizen greifbar nahe gerückt war, entschied es sich endgültig, wo er gelöscht werden sollte.

Auch Schnelligkeit brachte den Windjammern nichts mehr ein. Je schneller sie segelten, desto früher wurden sie wieder angebunden und warteten auf die Weizenernte des nächsten Jahres. Sie waren, um es einmal so auszudrücken, vom Wuchs des Korns abhängig, vom Gang der Jahreszeiten, und konnten nicht mehr als eine Reise jährlich hinter sich bringen. Wenn sie Anfang des Jahres in Australien eintrafen und im Frühsommer zurückkehrten, trafen sie in Europa auf den günstigsten Markt. Europa hatte bis dahin seine eigenen Vorräte aufgegessen und brauchte bis zum Herbst ausländisches Getreide. Schnelligkeit brachte zwar nicht mehr ein, aber es verringerte die Unkosten. Je eher dabei, je eher davon!

Die Entfernung von Europa nach Australien beträgt für ein Segelschiff um das Kap der Guten Hoffnung unter normalen Windverhältnissen ungefähr 13000 Seemeilen. Der Rückweg um Kap Hoorn ist etwas länger. Während die Dampfer ihren Weg durch die beiden Weltkanäle nehmen, haben sich hier die gewaltigen Rennstrecken der Windjammer entwickelt. Die Segelschiffe brauchten für die Hinreise etwa 100 Tage. Um 90 Tage herum galt schon als sehr günstig, wenn wir von den Häfen des europäischen Festlandes ausgehen und die zeitraubende Nordsee und den Englischen Kanal mitzurechnen haben. Die „Parma“ brauchte beispielsweise von Hamburg ausgehend 83 Tage. „Melbourne“ und „Olivebank“ schafften es erst in vier Monaten.

Um die Jahreswende 1933/34 gab es eine echte Sensation. Die letzten beiden deutschen „Flying P-Liner“, die Laeiszschen Viermastbarken „Priwall“ und „Padua“, erreichten den Spencer-Golf von Lizard an gerechnet in 62 beziehungsweise 63

Die „Padua", ein Klipper unserer Zeit

Tagen. Sie hatten es damit der „James Baines“ gleichgetan und die „Cutty Sark“ noch unterboten, die zu ihrer Zeit für die gleiche Strecke 63 und 66 Tage unterwegs gewesen waren. Im Gegensatz zu den ganz auf Schnelligkeit zugeschnittenen kleinen Klipperschiffen handelte es sich diesmal um zwei ausgewachsene stählerne und schwere Tiefwassersegler, zum Lastenschleppen mit fülligem Unterschiff versehen. Und anstelle von hundert Mann Besatzung fuhren die beiden deutschen Großsegler einschließlich Kapitän und drei Schiffsjungen nur je dreißig Mann. Natürlich hatten sie Glück, aber ihre Kapitäne J. Jürs (Priwall) und R. Clauß (Padua) wußten das Glück auch auszunutzen und „knüppelten“ tüchtig drauflos.

Und nun der Weg zurück! Inzwischen war das Schlagwort von der Weizenregatta aufgekommen. „Grain Race“ nennen es die Engländer, Kornrennen. Von einer Regatta im eigentlichen Sinne kann man nicht sprechen, wohl aber davon, daß sich in der Regel in den ersten Monaten des Jahres eine Anzahl Windjammer mit neuem Weizen auf den Heimweg machte. Die Schiffe segelten zu verschiedenen Zeitpunkten und in großen Abständen, je nachdem wie sie abgefertigt wurden, was selten ein geschlossenes Feld ergab. Gewettet und gewertet wurde, wenn überhaupt, ohne Rennformel, Vorgabe und sonstige sportliche Kinkerlitzchen auf „das schnellste Schiff des Jahres“. So segelte beispielsweise die „Winterhude“ einmal am 15. Dezember von Australien ab, die „Killoran“ als nächste dagegen erst am 21. Januar. Andere folgten Anfang und Ende Februar, die „Mozart“ am 2. März, die „Penang“ wiederum am 3. März. Und das waren noch lange nicht die letzten. Die Schiffe dieses Jahres liefen fast ausnahmslos unter finnischer Flagge. Den Rest bildeten zwei Schweden und ein Deutscher. Das war eines der letzten Weizenrennen vor dem Zweiten Weltkrieg, an dem etwa zwanzig Windjammer teilnahmen. Die deutsche Viermastbark „Magdalene Vinnen“ wurde mit einer Heimreise von 96 Tagen das schnellste Schiff, lief aber mit ihrem Hilfsmotor außer Konkurrenz. Absolut schnellster Windjammer wurde die „Parma“ mit 103 Tagen, letztes Schiff die Viermastbarkentine „Mozart“ mit 151 Tagen. Nur wenige lagen unter vier Monaten.

Unmerklich wurde aus dieser Heimreise ein Wettlauf mit Gefahr und Unglück. Die letzten Segelschiffe! Überaltert, verbeult, Segel sparend, nicht versichert, so lagen sie tief, sehr tief beladen, niedergedrückt von ihrer Last, im Wasser. Aus dem Grain Race war eher ein Marsch der Veteranen geworden, deren Zahl ständig abnahm.

Es kam zu Zwischenfällen. 1932 wurde die „Hougomont“ auf der Ausreise entmastet und erreichte nach 129 Tagen mit Mühe und Not Port Adelaide. Man versuchte, sie als Kohlenhulk zu verkaufen, aber da sich kein Abnehmer fand, wurde sie schließlich als Wellenbrecher an einen kleinen Fischereihafen verschenkt. Der vierzigjährigen „C. B. Pedersen“ erging es nicht viel besser. Die Obermarsrah stürzte herunter und riß zwei weitere Rahen mit sich. Der Segler änderte den Kurs, war nach 69 Tagen im Panamakanal, wo er reparierte, und lief in weiteren 32 Tagen nach Irland. Die „Abraham Rydberg“ mußte Freemantle als Nothafen anlaufen, drehte um und segelte auf entgegengesetzten Kursen um das Kap der Guten Hoffnung zurück.

Das größte Unglück traf die „Melbourne“. In der Nacht bevor sie Irland erreicht hätte, wurde sie von einem Dampfer überrannt. Nach 105 Tagen auf See und nur noch wenige Stunden vom sicheren Hafen entfernt, sank sie binnen einer Minute. Nur ein knappes Dutzend Leute überlebte. Für die Freiwache wurde die schmale Koje zum Sarg . . .

An der letzten Weizenregatta vor dem Zweiten Weltkrieg nahmen nur noch dreizehn Segelschiffe teil. Siegerin wurde die „Moshulu“ mit 91 Tagen, als Letzte kam „Lawhill“ mit 140 Tagen hinterher.

Die Viermastbark „Moshulu“
Siegerin der letzten Weizenregatta (1939)

Drei Fünftel der Erdoberfläche sind mit Wasser bedeckt. Die größten Meere ziehen sich um die südliche Halbkugel von Kontinent zu Kontinent. Dort ist das Gebiet der Westwinde, der „roaring forties“ und der „howling fifties“, der brüllenden Vierziger und der heulenden Fünfziger (Breitengrade). Dort tummeln sich die Albatrosse und die Walfische, und die Wellen erreichen eine Höhe wie sonst nirgendwo auf der Erdkugel. Dort erstreckt sich die große Weite, die scheinbar im Endlosen verläuft und so manches Rätsel birgt.

Auf dem Tisch des Hamburger Seeamtes, das an einem Januartage des Jahres 1939 zusammentritt, liegen zwei Beweisstücke: ein metallenes Türschild „Kapitän und Offiziere“ und ein Stückchen Kabel. Das Türschildchen ist knapp eine Handspanne lang, geriffelt und besteht aus Hydronalium, einer neuartigen Metallegierung. Das Kabelende läßt an einem eingewebten bunten Faden einwandfrei seine belgische Herkunft erkennen. Beide Stücke zusammen kann man bequem in die Hosentasche stecken. So wenig ist von der Viermastbark „Admiral Karpfanger", dem Schulschiff der Hamburg-Amerika-Linie, und seiner sechzigköpfigen Besatzung übriggeblieben ...

Das 1908 als „L'Avenir" für die Association Maritime Belge gebaute und zu 2853 BRT vermessene Segelschiff hatte zuvor Gustaf Erikson gehört. Drei Jahrzehnte war der Windjammer sicher und erfolgreich über die Weltmeere geeilt. Dann auf einmal, in der großen Weite zwischen Australien und Kap Hoorn, verlor sich seine Spur im Nichts.

Die Hamburg-Amerika-Linie hatte das Schiff zweckentsprechend überholen und ausrüsten lassen. Es war vorzüglich be-

Das ehemalige belgische Schulschiff „L'Avenir", später als Schulschiff „Admiral Karpfanger" mit Mann und Maus verschollen

schaffen, besaß unter anderem elektrisches Licht, eine hochwertige Funkanlage und einen Funkpeiler, aber keinen Hilfsmotor. Geführt wurde es von Kapitän W., der schon Erfahrungen beim Deutschen Schulschiff-Verein gesammelt hatte. Unter seiner Besatzung befanden sich 44 Offiziersanwärter, darunter 31 Jungen, ein eigener Navigationslehrer für diese Gruppe und ein Arzt.

Das Segelschulschiff „Admiral Karpfanger" war am 20. September 1937 aus seinem neuen Heimathafen Hamburg ausgelaufen und nach einer Ballastreise von 107 Tagen in Port Germein in Südaustralien angekommen. Die Firma George Wills & Co. Ltd. berichtete später, daß „. . . ‚Admiral Karpfanger' in Port Germein 42 549 Säcke australischen Weizen im Gewicht von 3 447 Tonnen geladen hatte und diesen Hafen am 8. Februar 1938 mit der Bestimmung nach Kingstown oder Falmouth verließ . . . Im Verlauf einer Unterredung fragten wir Kapitän W., ob er an der sogenannten Weizenregatta teilzunehmen beabsichtige. Er antwortete, daß er zufrieden sein würde, die Heimreise in 120 Tagen zu machen, da er zu viele Jungen zu betreuen habe . . ." Es sind auch Bescheinigungen vorhanden, daß die Ladung ordnungsgemäß gestaut war und nicht verrutschen konnte. In einem Brief an die Reederei schrieb der Kapitän selber, er werde die Westwindtrift ausnutzen und die übliche Route um Tasmanien und Kap Hoorn einschlagen.

Der Segler hat nach Antritt der Heimreise noch acht Tage lang auf Kurzwelle mit Radio Norddeich in Verbindung gestanden, zuletzt am 12. März 1938. Danach kamen keine Meldungen mehr vom Schiff, auch nicht die am 15. März fällig gewesene Standortmeldung. Auch südamerikanische Stationen haben keine Funkverbindung mehr mit dem Segler gehabt. Später sprach man davon, daß am 8. April 1938 — als man das Schulschiff noch wohlbehalten auf der Heimreise wähnte — der HAPAG-Dampfer „Leverkusen" einen sehr leisen CQ-Ruf „An alle" des „Admiral Karpfanger" aufgefangen haben wollte, doch mußte die Möglichkeit eines Irrtums eingeräumt werden.

Indessen hatte schon einige Tage vorher der ebenfalls auf der Kap-Hoorn-Route heimwärts reisende englische Dampfer „Durham“ etwas anderes gemeldet: Am 24./25. März 1938 war er elf Eisbergen begegnet, der größte von ihnen war eine Meile lang und 500 Fuß hoch, und einer Menge Treibeis. Diese Nachricht gewann nachträglich Bedeutung.

Der Kapitän des Segelschulschiffes hatte eine ungefähre Reisedauer von 120 Tagen in Betracht gezogen. Nachdem 129 Tage verstrichen waren und man so lange kein Lebenszeichen mehr von der „Admiral Karpfanger“ bekommen hatte, wurde man in der Heimat hellhörig. Das Hamburger Segelschulschiff war überfällig, und mit Beklemmung entsann man sich der dänischen Fünfmastbark „Kopenhagen“, die an einem Dezembertag vor zehn Jahren Montevideo mit Kurs nach Australien verlassen hatte und, mit der Blüte des dänischen seemännischen Nachwuchses an Bord, nie wieder zum Vorschein gekommen war ...

Über Radio Norddeich erhielten alle Schiffe im Nordatlantik — wo man den Segler vermutete — allgemeine und alle HAPAG-Schiffe besondere Suchanweisungen. Umsonst! Auch Lloyds in London, bei denen das Segelschulschiff versichert war, fragten rund. Am 18. Juni 1938 wurde der HAPAG-Dampfer „Leuna“ auf die Fährte des verschwundenen Windjammers gesetzt und von Australien um Kap Hoorn nach Europa beordert. Alle britischen und kontinentalen Schiffahrtslinien, die Australien anlaufen, wurden gebeten, nach „Admiral Karpfanger“ Ausschau zu halten. Sämtliche in der Antarktis operierenden Walfangflotten gaben Obacht: die japanische, norwegische und südafrikanische auf besondere Anweisungen ihrer Regierungen. Die nach Australien reisende Expedition von Sir Hubert Wilkins und Lincoln Ellsworth bot ihre Hilfe an. Die englische Regierung versprach, alle Nachrichten vordringlich weiterzuleiten. Rund dreißig Hellseher traten auf und gaben Fingerzeige, die bis in die Südsee führten. Alle Aussagen wurden ernstgenommen und nachgeprüft. Doch der ersehnte Erfolg blieb aus.

Im Juli 1938 starten der chilenische Marineschlepper „Galvarino“ und der argentinische Dampfer „Bahia Blanca“ zu einer Suchaktion in das Kap-Hoorn-Gebiet. Vergeblich! Die „Galvarino“ hat noch drei weitere Suchreisen unternommen. Erst auf der dritten, im Oktober 1938, findet sie bei den Feuerland-Inseln Lennox und Navarino jene von der Unendlichkeit an den Strand geworfenen Stücke, die Monate später auf dem Tisch des Hamburger Seeamtes liegen.

Das Seeamt spricht die Annahme aus, „daß dem Schiff ein Unfall zugestoßen ist in der Zeit nach dem 12. März auf dem Wege zum Kap Hoorn, der den Totalverlust des Segelschulschiffes und der gesamten, aus sechzig Köpfen bestehenden Besatzung zur Folge hatte. Der Unfall muß durch äußere Einwirkung entstanden sein. Seine Ursache ist nicht geklärt. Hierüber sind nur Vermutungen, jedoch keine bestimmten Feststellungen möglich. Fehler im Schiffsbetrieb, Mängel in der Bauart, Einrichtung, Ausrüstung, Beschaffenheit, Beladung oder Bemannung waren nicht festzustellen.“

Die Trümmer wurden einwandfrei als Bestandteile des Segelschulschiffes erkannt. Das Schiff selbst blieb verschollen, und das Meer gab seine Toten nicht her.

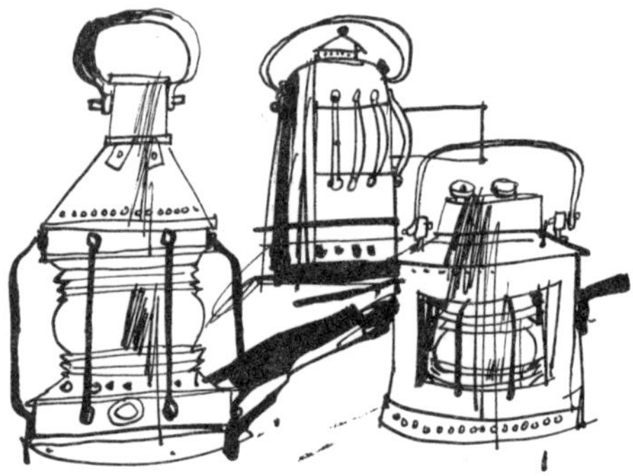

Zum letzten Mal mit vollen Segeln

Es gibt Dinge, die uns immer wieder über den Weg laufen. Dazu zählen zuweilen auch Schiffe. Die Welt des Seemanns ist trotz aller globalen Ausdehnung auf Küsten und Häfen beschränkt und auf das, was man dort antrifft. In den ersten Maitagen des Jahres 1945, der Zweite Weltkrieg war noch nicht zu Ende, wurde ich vom Einmarsch der britischen Truppen in Lübeck überrascht und aufgehalten. In unmittelbarer Nähe meines Quartiers hatte damals an der Untertrave eine kleine hölzerne Bark von 76 Meter Länge und 955 Tonnen Tragfähigkeit festgemacht: das Segelschulschiff „Seute Deern" der Hamburger Reederei John T. Essberger.

An Bord des Windjammers, der sich vor der Fassade der Stadt sehr stilvoll ausnahm, befand sich nur eine Handvoll junger Zivilseeleute, Nachwuchs der Reederei. Kurz darauf wurde das Schiff von einem kleinen Kommando der Royal Scotch Highlanders beschlagnahmt, die es hauptsächlich auf seine komfortablen Eigner-, Kapitäns- und Offizierswohnräume abgesehen hatten und vorübergehend einen deutschen General mit seinem Adjutanten dort unterbrachten. Der Anführer der Schotten war ein untersetzter Drum-Mayor, ein Tambourmajor, dessen lange gezwirbelte Schnurrbartenden wie Backspieren waagerecht nach beiden Seiten abstanden. Es machte sich alles ganz gut, so daß trotz des alliierten Verbotes, mit Deutschen umzugehen, von allen zusammen tüchtig „auf die Pauke gehauen" wurde. Seefahrt ist not!

Ich hatte die „Seute Deern" kurz vor Ausbruch des Krieges unter vollen Segeln im Kattegatt gesehen. Sie war gerade in Dienst gestellt worden und sah noch aus wie aus dem Ei gepellt, wozu das sehr kleidsame Pfortenmuster an den Bordwänden beitrug: ein breiter weißer Streifen, unterbrochen von den schwarzen Quadraten vorgetäuschter altertümlicher Geschützpforten. Die „Seute Deern" verfügte über keinerlei Hilfsmaschinen, alles wurde mit der Hand gemacht, und anstelle einer elektrischen Beleuchtung gab es die alten guten Petroleumlampen. Das Schiff fuhr nur 28 Mann Besatzung, darunter ein Dutzend Zöglinge, die für den Bedarf der Reederei vorgesehen waren. Große Sorgfalt hatte man auf die Unterkünfte verwendet, die im mahagoniverschalten Achterschiff eher dem Standard einer Luxusjacht als dem eines frachtfahrenden Schulschiffes angemessen waren. Denn Ladung sollte die Bark fahren, das war beschlossene Sache. Und Ladung hatte sie auch vorher gefahren; denn die „Seute Deern" war schon im Jahre 1919 auf einer amerikanischen Werft zu Wasser gekommen. Damals hieß sie „Elizabeth Bandi" und war ein Viermastschoner. Später wurde sie umgetakelt, wie weiland die „Niobe".

Das Leben der „Elizabeth Bandi" verlief dramatisch genug: mit Wurmfraß und Leckagen, mit ständigem Pumpen und lau-

Bark „Eagle", USA
Schulschiff, gebaut als „Horst Wessel"

fenden Kollisionen, mit gelegentlichem „an die Kette legen" wegen Schulden, mit Prügeln und Meuterei an Bord, Desertionen, Schäden durch tropische Wirbelstürme und Ladungen wie Schnittholz und Kohle. Aber wer die Dinge kennt, weiß, daß sie im Milieu der großen amerikanischen Schoner der damaligen Zeit an der Tagesordnung waren, über die man nicht viele Worte machte. In den dreißiger Jahren wurde die „Elizabeth Bandi" mit anderen ihrer Art nach Finnland verkauft und gehörte zu jenem Haufen alter Windjammer, die man in den malerischen Holzhäfen der Ostsee antraf. Als auch hier nichts mehr zu machen war, kaufte sie die Hamburger Tanker-Reederei für ein Butterbrot, für wenig mehr als 25000 Reichsmark. Der Umbau wiederum kostete ein Mehrfaches, aber als es dann endlich losgehen sollte, brach der Krieg aus, und die „Seute Deern" kam nicht mehr recht zum Zuge.

Die „Seute Deern"

Alle deutschen Segelschulschiffe kreuzten nun in der Ostsee umher, im einzigen Betätigungsfeld, das ihnen geblieben war. Dort fand man auch neben der vorzüglich segelnden „Seuten Deern" das „Schulschiff Deutschland", die Viermastbark „Kommodore Johnsen" (vormals „Magdalene Vinnen") des Norddeutschen Lloyds und die Viermastbark „Padua" von Laeisz. Mit der Fortdauer des Krieges wurde ihre Bewegungsfreiheit mehr und mehr eingeschränkt, und schließlich machten alle irgendwo im sicheren Hafen fest und schulten den Nachwuchs an der Pier, so gut es eben ging. Seefahrt im Hafen hatte ohnehin schon ein anderes deutsches Segelschiff betrieben und damit an die Tradition der alten Deutschen Seemannschule Finkenwerder angeknüpft, die „Kapitän Hilgendorf".

Der nach dem bekanntesten Laeisz-Kapitän getaufte Windjammer kam ungefähr aus jener Ecke der Welt, aus der auch die „Seute Deern" herbeigesegelt war. Das 74 Meter lange und 13 Meter breite Schiff war 1918 als hölzerner Fünfmastschoner „Cape Nord" hoch oben an der amerikanischen Westküste in Vancouver (Britisch-Kolumbien) in Dienst gestellt worden. 1471 BRT groß, gehörte er zu jenen „Lumber Schooners", die scharenweise das Bauholz aus den unermeßlichen kanadischen Wäldern holten, wo es die „Lumber Jacks" gefällt und die „Lumber Mills" zersägt hatten, und die es die Küste entlang nach Kalifornien brachten, wo die Bungalows wie Pilze aus der Erde schossen — und die hölzernen Bohrtürme der Ölquellen dazu. Die Matrosen legten in diesem „Lumber Trade" selbst mit Hand an, stauten und löschten, verdienten dabei ungewöhnlich gut und — arbeiteten ungewöhnlich hart. Wie das so ist im Hin und Her der Wirtschaft und Schiffahrt, kam der Fünfmaster, der mit gefalteten Segeln wirklich wie oben ohne aussah, nach Europa und landete schließlich im schon beschriebenen letzten Zufluchtsort der Windjammer in Finnland. Mit der Flagge hatte er auch den Namen gewechselt und hieß nun „Andromeda", nach jener Königstochter der griechischen Sage, die einem Meeresungeheuer preisgegeben, aber von Perseus gerettet und später in ein Sternbild verwandelt wurde. So wie es auch Ovid in seinen „Metamorphosen" besungen hat.

1939 wurde die „Andromeda" für 30000 Reichsmark versteigert und amtlich als stationäres Schulschiff für vorseemännische Ausbildung eingesetzt, mit einem Wort als Schiffsjungenschule.

An der Pier lagen auch die Segelschulschiffe der deutschen Kriegsmarine „Gorch Fock", „Horst Wessel" und „Albert Leo Schlageter". Das waren drei Barken, die sich die Marine nach dem Untergang der „Niobe“ zugelegt hatte. Alle drei kamen von der Hamburger Werft Blohm & Voss. Als erste 1933 die „Gorch Fock“ mit 1350 t, dann 1936 und 1937 die etwas größeren „Horst Wessel“ und „Albert Leo Schlageter“, zwei 1800-Tonnen-Schiffe. Ihre Segelflächen betrugen 1800 bzw. 1975 Quadratmeter. Die Kriegsmarine schulte, entgegen der Überzeugung von Tirpitz, weiterhin auf Segelschiffen, wenn auch nur in Dreimonats-Lehrgängen. In dieser kurzen Zeitspanne kann man, wenn alles gutgeht, zwar eben die Grundbegriffe erlernen, um sie später ebenso schnell wieder zu vergessen, wenn die Übung fehlt. Trotzdem, nach außen hin waren diese Segelschiffe sehr eindrucksvoll, was sie ja auch sein sollten. Sie „machten etwas her“ und vermittelten zudem jenes bewußt geförderte Gefühl der Zusammengehörigkeit durch dick und dünn.

Der Krieg ließ ihnen allen nur noch wenig und am Ende gar keinen Spielraum mehr. Es mußte jetzt auch so gehen. 1942 hatte ich einmal die „Albert Leo Schlageter“ von Gotenhafen (Gdingen) nach Glücksburg zu überführen. Ein totes Schiff ohne Besatzung, auf dem ich als Überführungsleiter saß, das geschleppt und schließlich in der Flensburger Förde verankert wurde.

Draußen in der weiten Welt aber wurde noch gesegelt. Am Morgen des 27. Mai im gleichen Jahr 1942 glaubt der Leuchtturmwärter an der Golden Gate vor San Franzisko seinen Augen nicht zu trauen, als in dem über der See liegenden Dunst die Umrisse eines Windjammers erscheinen. Es ist eine britische Viermastbark, obwohl es überhaupt keine britischen Windjammer mehr geben darf. Beim Näherkommen entziffert der Beobachter ein Flaggensignal: „Pamir“ auf der Reise von Wellington, Neuseeland, nach San Franzisko!

Wahrhaftig, es war Eriksons Segler, der dort ankam! Als Finnland an der Seite Deutschlands in den Krieg eintrat, wurden seine Schiffe, wo immer man sie auch erwischte, von den

Alliierten zur Prise erklärt. Die „Pamir" befand sich gerade in Neuseeland, wo man den Zuwachs von 4000 Tonnen Laderaum in dieser Zeit als ganz angenehm empfand. Man versah die Viermastbark mit einer neuen Besatzung und jagte sie unbewaffnet und unbewacht über die Weite des Stillen Ozeans zu den Vereinigten Staaten. Trotz der japanischen U-Boote brachte die „Pamir" unangefochten sieben Rundreisen hinter sich. Dann war der Zweite Weltkrieg zu Ende, und die Reederei forderte ihren Windjammer zurück. Gustaf Erikson freilich war inzwischen gestorben. Indessen sollten noch Jahre vergehen, ehe sein Sohn Ende 1948 wieder über die „Pamir" verfügen konnte. Für die in Südafrika aufgebrachte und später an Portugal verkaufte Viermastbark „Lawhill" wurden ihm 8775 Pfund Sterling als Entschädigung zugesprochen.

Der Kampf auf den Meeren hatte für die finnischen Windjammer verheerende Folgen gehabt. Schon im September 1939, eben nach Ausbruch der Feindseligkeiten, war die Viermastbark „Olivebank" auf der Überfahrt von England nach Finnland in der Nordsee in ein Minenfeld geraten und mit der ganzen Besatzung untergegangen.

Im Juni 1940 wurde die Bark „Penang" (ex „Albert Rickmers") vor der irischen Küste torpediert. Im August des gleichen Jahres versenkte ein deutscher Hilfskreuzer die Bark „Killoran", die sich mit einer Ladung Zucker auf der Reise von Buenos Aires nach Las Palmas befand.

1943 trafen sich in San Franzisko zwei alte Bekannte: die auf einer ihrer Rundreisen begriffene „Pamir" und die „Priwall", die jetzt „Laurato" hieß und von der deutschen Regierung unter dem Zwang des Krieges an Chile abgetreten worden war. Die beiden Windjammer sind einander nicht wieder begegnet. Am 18. Februar 1948, in Höhe der brasilianischen Küste, auf der Reise von Iquique nach den Vereinigten Staaten, wurde die „Priwall" durch eine Explosion buchstäblich in Stücke gerissen. Ihre Salpeterladung hatte sich selbst entzündet.

Der Mangel an Schiffsraum hatte den letzten Windjammern im Zweiten Weltkrieg noch eine späte Blüte beschert und uralte Kästen aus der Versenkung auftauchen lassen, die in der Holzfahrt nach Südafrika ihren Eignern noch ein schönes Stück Geld einbrachten. Viel passieren konnte ihnen nicht mehr. Wenn sie zu Bruch gingen, schwammen sie gewöhnlich auf der Holzladung weiter. Aber man konnte es drehen und wenden, wie man wollte, es war nur noch ein allerletztes Aufflackern. Das knappe Dutzend Großsegler aus aller Welt wurde unablässig verkauft, verstreut und zerschlagen. An der letzten Weizenregatta vor Kriegsausbruch hatten noch dreizehn Segelschiffe teilgenommen. Die Bark „Winterhude" erreichte noch im August 1939 mit einer Weizenladung Falmouth. Man schickte sie nach Stavanger, wo sie gleich als Kornspeicher liegen blieb. Später kam sie nach Deutschland, wo sie nach jahrelangem Herumliegen, über fünfzig Jahre alt, an der Unterweser zerschnitten wurde. Das letzte Vollschiff, die unter der Flagge von Panama segelnde „Calbuco", wurde 1946 von einer italienischen Firma abgewrackt. Die aus der Weizenfahrt bekannte schwedische Viermastbark „Abraham Rydberg" ging in portugiesische Hände über, die sie zu einem reinen Motorschiff umbauten. Die Viermastbark „Moshulu" wurde abgetakelt und in Schweden ein schwimmender Getreidespeicher. Auf den Briefköpfen der Reederei Gustaf Erikson in Mariehamn stehen nach dem Zweiten Weltkrieg nur noch vier Segelschiffsnamen: „Passat", „Pamir", „Pommern" und „Viking" ...

Die letzten deutschen Windjammer wurden nach dem verlorenen Krieg, wie fast die gesamte Handelstonnage überhaupt, an die Alliierten ausgehändigt. Das Schulschiff des Norddeutschen Lloyds, die Viermastbark „Kommodore Johnsen", und die „Padua" der Reederei Laeisz fielen an die UdSSR. Heute heißen sie „Sedov" und „Krusenstjern". 1946 sah man auf der Kieler Förde noch einmal die „Großherzogin Elisabeth" vom Deutschen Schulschiff-Verein. Sie blitzte und blinkte unter einem neuen Anstrich, vom Kiel bis zum Flaggenknopf hatte man das graziöse kleine Vollschiff völlig überholt. Nur flatterte an seiner Gaffel diesmal eine große neue Trikolore. Die „Lisbeth" ging für immer nach Frankreich und erhielt dort den Namen „Duc d'Alsac".

Den Nachlaß der Kriegsmarine teilten sich die ehemaligen Gegner. Aus der „Gorch Fock" wurde die „Tovarischtsch" der Roten Marine. „Horst Wessel" lief als „Eagle" bei der US Coast Guard weiter, und „Albert Leo Schlageter" segelte unter der Flagge von Brasilien und wurde in „Guanabara" umbenannt.

Uns verblieben lediglich „Kapitän Hilgendorf", aus der man einen geschleppten Leichter machte, die „Seute Deern" und „Schulschiff Deutschland". Die „Seute Deern" mit ihrer schönen Inneneinrichtung wurde in Hamburg ein beliebtes Hotelschiff, das sich folgendermaßen empfahl: „Tägl. Spezialität Curry-Gericht, Hummer, Austern und Kaviar! Übernachtungskojen in Schiffskabinen mit Telefonanschluß!" Ja, Freunde, das war damals schon was. Doch am Ostersonntag 1954 verließ die „Seute Deern" ihren Heimathafen, weil man sie an eine Stiftung im holländischen Delfzijl verkauft hatte, der sie dann unter dem Namen „Pieter Albert Koerts" als Jugendherberge diente, ohne Hummer, Austern und Kaviar. Der letzte verbliebene Segler des Deutschen Schulschiff-Vereins, das „Schulschiff Deutschland", begann nach dem Kriege ebenfalls als Jugendherberge in Bremen, um dann einer seemännischen Vorausbildung im Hafen zu dienen. Daß dieses Schiff nicht wieder in Fahrt gesetzt wurde, ist wohl nur mit jener Nüchternheit zu erklären, mit der man die Ausbildung auf Segelschiffen jetzt betrachtete. Die neu aufbauende deutsche Handelsschifffahrt hatte, weiß Gott, andere Sorgen.

Zwar wurde auf dem Papier noch eine Fahrtzeit auf Segelschiffen gefordert. Aber es gab schon umständebedingte Vorbehalte, Einschränkungen, Ersatzzeiten. Der Dienst auf Motorseglern, die ständig mit Motorkraft fuhren und nur noch ganz selten ein kleines Hilfssegel setzten, hatte die sogenannte

Segelschiffserfahrung gänzlich zur bloßen Formsache werden lassen. In der deutschen Handelsschiffahrt gab es nicht einmal genügend Handelsschiffe, ganz zu schweigen von Segelschulschiffen. Das Hin und Her hielt aber an. War es überhaupt zweckmäßig, eine Segelschiffsausbildung aufleben zu lassen, nachdem die großen Schiffahrtnationen der Welt diese Pflichtübung als unzeitgemäß gestrichen hatten, und würde man es nicht wieder als deutsche Eigenbrötelei ansehen?

Noch einmal wurde eine Weizenregatta von Erikson ausgesegelt. Sie war die letzte ihrer Art und wurde von nur noch zwei Windjammern bestritten. Am 19. September 1949 traf nach einer Überfahrt von 109 Tagen die Viermastbark „Passat" in Queenstown in Irland ein. Sie hatte 4622 Tonnen Weizen von Südaustralien mitgebracht. Einen halben Monat später, am 6. Oktober 1949, erreichte die Viermastbark „Pamir" den Orderhafen Falmouth mit 4223 Tonnen Weizen. Sie hatte Port Victoria nur sechs Tage später verlassen, aber 127 Tage für die Rückreise gebraucht. Eine mußte ja die letzte sein.

„Pamir" und „Passat" blieben in England als schwimmende Getreidespeicher des britischen Ernährungsministeriums liegen und löschten erst im folgenden Frühjahr (1950) ihre Ladungen. Die Viermastbark „Viking", die bereits 1948 von Australien zurückgekehrt war, machte in Antwerpen fest. Sie sollte die grenzenlose Weite der Ozeane nicht mehr wiedersehen. Nachdem der 1907 gebaute Windjammer auf der Ausstellung „Rotterdam ahoi" noch als Schaustück gedient hatte, wurde er nach Göteborg geholt, um in Schweden als stationäre Seemannsschule seine Tage zu verträumen. Die mit 2376 BRT etwa gleichgroße Viermastbark „Pommern", Baujahr 1903, hatte den ganzen Krieg in Mariehamn zugebracht und war dort zu einer Attraktion geworden. Die sieben Meere sollten auch diesen Windjammer nicht mehr wiegen. Reeder Erikson schenkte ihn seiner Heimatstadt, und nun spielt er seine letzte Rolle als Freilichtmuseum für Touristen.

Die „Pommern" in Mariehamn

Übrig blieben „Pamir" (1905) und „Passat" (1911), und über sie wird noch einiges zu berichten sein. Beide wurden von der Reederei Erikson an eine belgische Abwrackwerft veräußert. Der Senior Gustaf Erikson war tot, und seine Nachfolger, die sich schon auf Dampfer und Motorschiffe umgestellt hatten, brauchten keine Segelschiffe mehr. Ihre Zeit war endgültig vorbei, aber selbst zum Schrottpreis brachten sie noch mehr ein, als Gustav Erikson seinerzeit für sie auf den Tisch zu blättern hatte. Sie waren also trotz allem ein gutes Geschäft gewesen.

Das Schicksal von „Pamir" und „Passat" schien besiegelt. Die Schneidbrenner zischten schon, um sich in ihre Stahlplatten einzufressen, als sich ganz unerwartet ein Käufer fand, der ihnen neues Leben verleihen wollte. Es war der deutsche Reeder Heinz Schliewen, der in das Hin und Her um den nautischen Nachwuchs eingreifen und frachtfahrende Segelschulschiffe in Fahrt setzen wollte. Zwar hatte er keinen Namen im Reedereigeschäft, die wenigsten kannten ihn, aber seine Begeisterung steckte an. Schließlich nahmen sich Bund und Länder der Sache an, die ja auch dem Bundesjugendplan diente, private Kredite wurden beschafft, und die Sache stieg. Und so, während in Bremen das „Schulschiff Deutschland" müßig herumlag (weil sich mit diesem einen Schulschiff die Aufgabe nicht hätte lösen lassen, wie der Bundesverkehrsminister in einer Rede bemerkte), wurden „Pamir“ und „Passat“ für ihre neue Aufgabe hergerichtet. Sie bekamen Antriebsmotore, Lademotore und besonderes Ladegeschirr, elektrisches Licht, fließendes warmes und kaltes Wasser, Zentralheizung, Waschräume und Bäder, eine Bordwäscherei mit Schleuder und Trockner, eine elektrische Kaffeemaschine, Kühlräume für den Proviant, in Kabinen unterteilte Mannschaftsunterkünfte und dergleichen mehr. Das alles kostete 2,5 Millionen zu einer Zeit, in der die Mark noch hundert Pfennig wert war. Zwar wurden Stimmen laut, was das denn alles sollte und ob sich das mit dem erzieherischen Segelschiffscharakter überhaupt vereinbaren ließe.

Aber in diesem Falle war nur das Beste gut genug. Wie man hörte, und man kann das alles in den Protokollen der Reden heute noch nachlesen, sollte die Ausbildung nach christlichen Grundsätzen erfolgen und die Segelschulschiffe sollten Deutschlands Jugend und auch der Jugend der anderen europäischen Völker zur Verfügung gestellt werden. Weil auf diesen beiden Schiffen immer europäische Kameradschaft herrschen sollte, fuhren schon auf der ersten Reise Gruppen englischer und italienischer Jugendlicher mit. Nur besonders geeignete und ausgesuchte, nur gut veranlagte und gutwillige Jungen sollten an Bord kommen, und damit auch alles klarginge, waren sie vorher über zwei Monate lang unter Leitung eines Professors und seiner qualifizierten Mitarbeiter in Schloß Nehmten am Plöner See sinnvoll erzogen und vorbereitet worden.

Zwar hat der alte Gustaf Erikson mit seinen mancherlei Nationalitäten an Bord die hier angestrebte Kameradschaft und Völkerverständigung mit ungleich geringerem Aufwand und mit weniger Worten erzielt. Aber man soll nicht herummäkeln, es war gut gemeint und ein neuer Versuch. Schließlich gingen beide Segelschiffe mit einer Stammbesatzung von 38 Mann und rund 50 Kadetten auf große Fahrt, um — wie es in der Presse zu lesen war — der Ausbildung der deutschen und der europäischen Jugend im männlich-christlichen Geiste zu dienen. Starke Worte! Indes lag in Bremen das „Schulschiff Deutschland" mit ungenutzten Ausbildungsmöglichkeiten für 150 Schiffsjungen noch immer herum. Die große Fahrt der „Passat" und der „Pamir" aber ging nicht mehr über das Kap der Guten Hoffnung, geschweige denn über Kap Hoorn hinaus. Die letzten Tiefwassersegler blieben im Atlantik, der immerhin groß genug ist, um darin zu ertrinken.

Trotz aller hoffnungsvollen Voraussagen war dem neuen Schulschiff-Unternehmen leider weder eine lange noch eine glückliche Fahrt beschieden. Man hatte sich verrechnet. Die Schulden häuften sich, das Wasser stieg der „Pamir" und der „Passat" bis zum Halse, und drei Jahre später wurden sie zwangsversteigert. Hauptgläubiger waren die Banken, die jetzt sehen mußten, wie sie zu ihrem Geld kamen. Hätte man die Schiffe stillgelegt, wäre alles verloren gewesen. So gingen die Windjammer Anfang 1956 in das Eigentum einer Stiftung über und segelten weiter.

Eine Gruppe von Reedern, die sich für eine Segelschiffsausbildung stark machten, hatte die „Stiftung ‚Pamir' und ‚Passat'" mit dem Heimathafen Lübeck gegründet. Die Segler selbst blieben wie bisher in der La-Plata-Fahrt beschäftigt. Die durch die Einnahmen der Schiffe nicht gedeckten Kosten wurden fortan durch Beiträge der Reedereien und durch Zuschüsse des Bundes und der Küstenländer ausgeglichen. Das alles geschah freiwillig; denn inzwischen hatte sich auch die Bundesrepublik Deutschland der internationalen Auffassung angeschlossen und die bis dahin gesetzlich noch immer vorgeschriebene Ausbildung auf Segelschiffen gestrichen. Wer auf Seglern fahren wollte, bitte sehr — um ein Patent zu erwerben, war es jedenfalls nicht mehr nötig.

Hinzu kam, daß sich kritische Stimmen wie der Hamburger Bürgermeister Brauer dagegen ausgesprochen hatten und der „Pamir" und „Passat" lediglich Museumswert zuerkannten, wie es wörtlich hieß. Der gleichen Meinung war auch Professor Steppes, der Generationen von Nautikern unterrichtet hatte.

Jenseits des Kanals erklärte der Parlamentssekretär des britischen Ministry of Transport, was die Segelschiffsausbildung betreffe, so gebe es in England für diesen Zweck keine großen Schiffe mehr; aber eine jahrzehntelange Erfahrung habe gezeigt, daß sie für den Dienst auf Kauffahrteischiffen nicht mehr wesentlich sei.

Viermastbark „Passat" als Segelschulschiff

So überläßt man das Segeln den Marinen, die mit entsprechenden Lehrgängen noch etwas ganz anderes als nur Handwerkliches verbinden. Auch die Bundesmarine entwickelte in dieser Beziehung eigene Vorstellungen, und so entsteht bei Blohm & Voss in Hamburg 1958 eine neue „Gorch Fock", die nach den Vorbildern der dreißiger Jahre gebaut wird: eine Bark von 1499 BRT, mit 1953 Quadratmeter Segelfläche und einem 890 PS starken Motor.

Was meistens übersehen wird: der Wert einer Segelschiffsausbildung an sich und als sportliche Betätigung wurde auch von ihren Gegnern nie bestritten. Der Segelsport ist eine großartige Sache, die Segler sind in der Regel prächtige Kerle, und gar die Einhandsegler der Weltmeere sind schlechthin unübertroffen. Segelschiffsdienst von der Pike auf, das heißt in einer kleinen und stark beanspruchten Gemeinschaft auf einem Langereise-Windjammer, ist eine einmalige Erfahrung, von der man ein Leben lang zehren kann. Persönliche Freude an der Sache, ohne daß ein Zwang dahintersteht, läßt alle Schwierigkeiten gering erscheinen und überwinden. Aber was hilft's, wo gibt es diese Windjammer noch?

Auf einem motorisierten Pseudosegler inmitten ganzer Scharen von Arbeitskräften fährt man allenfalls „mit". Ausbildung wird zum leeren Wort. Ein technischer Komfort löscht alles das aus, was uns seinerzeit das Leben so schwer machte. Die tausend Unbequemlichkeiten des Windjammer-Alltags existieren hier nicht mehr: der Wassermangel, das Hartbrot, Salzfleisch, der Hunderttage-Saucentopf, das Fehlen von frischem Gemüse und Obst. Windstillen erlangen nur noch untergeordnete Bedeutung. Der Wind ist diesen Segelschiffen nicht mehr Meister und Schicksal, nur noch Gehilfe, den man fallen läßt, wenn man ihn nicht mehr braucht. Man stellt den Motor an und dampft weiter. Der Zeitplan muß eingehalten werden.

Zuweilen geht auch diese Rechnung nicht auf.

Der Untergang der «Pamir»

Am 6. September 1957 war der britische Dampfer „African Star“ bei den Kapverden vor der westafrikanischen Küste in ungewöhnlich schwere See geraten. An zusätzlichen Meldungen brasilianischer Flugzeuge erkannte der amerikanische Wetterdienst, daß westlich von den Kapverdischen Inseln im mittleren Atlantik einer jener heftigen tropischen Wirbelstürme zu Gange war, wie sie hauptsächlich zwischen Juni und Oktober aufzutreten pflegen. Als „Hurrikan“ bekannt, ziehen sie gewöhnlich aus der Karibischen See in west-östlicher Richtung über den Atlantik, um wie ein Bumerang zur amerikanischen Küste zurückzuschwenken und sich schließlich nach Druckausgleich aufzulösen. Da es der dritte Hurrikan der Saison war, bekam er wie üblich der Reihenfolge des Alphabetes entsprechend den Namen „Carrie“. Wetterflugzeuge blieben ihm auf der Spur, und der amerikanische Wetterdienst strahlte in den folgenden zwei, drei Wochen insgesamt 62 Warnungen für die Schiffahrt im Atlantik aus.

Leider ist es nur selten möglich, die Bahn eines solchen Wirbelsturmes länger als einen halben Tag vorauszusagen. Hurrikane sind unberechenbar, und Carrie, anstatt in Richtung des amerikanischen Kontinents abzulaufen, drehte bei den Bermudas auf Ostkurs. Dann fegte er diagonal über den Nordatlantik und kam erst an europäischen Gestaden zum Stillstand. Er legte, wie die meteorologischen Gutachten sagen, eine Distanz von über 4 000 Seemeilen zurück.

Eines der Schiffe, denen die Funkwarnungen galten, war die Viermastbark „Pamir". Sie befand sich mit einer Ladung von etwa 4 000 Tonnen Gerste auf der Reise von Buenos Aires nach der Heimat und hatte in den ersten Septembertagen den Äquator überschritten. Der Segler muß danach zum erstenmal die Bahn des Hurrikans gekreuzt haben, wahrscheinlich weit hinter ihm und bei geringen Windstärken.

Am 20. September stand die „Pamir" 600 Seemeilen südwestlich der Azoren. Das Schiff war mit 86 Mann besetzt: Kapitän, vier Offiziere, weitere 30 Mann Stammbesatzung und 51 Zöglinge. Einer der jungen Leute, der 19jährige Eckard Roch, hatte sich in Buenos Aires bei einem Unfall verletzt und zurückbleiben müssen, was ihm wahrscheinlich das Leben rettete. Daß an Bord alles wohl war, beweisen auch Privattelegramme, die von „nur noch lächerlichen vierzehn Tagen" sprachen, dann wollte das Schiff in Hamburg sein. Am frühen Nachmittag des 20. September begegnet der Windjammer dem deutschen Dampfer „Brandenstein". Dessen Kapitän bemerkt verwundert, daß die „Pamir" trotz des schwachen Windes nur wenige Stagsegel gesetzt hat. Er ist der letzte Augenzeuge, der das Segelschiff gesehen hat. Von einer Orkangefahr ist nicht die Rede.

Trotzdem kämpft etwa zur gleichen Zeit das deutsche Motorschiff „Anita" (2 300 BRT), auf der Reise von New Orleans nach Europa, mit einem Orkan, der, wie es heißt, „mit einer Gewalt über uns hereinbrach, wie ich es in meiner ganzen Seefahrtzeit kaum einmal erlebt habe. Die Sicht war gleich

rechts: Die „Pamir"

Null. Ich hatte mit dem Heck in den Wind gedreht. Die See war haushoch, die höchste Windstärke bei 14 Grad. In der haushohen See gelang es, den Orkan abzureiten, ohne daß nennenswerte Schäden auftraten." Der Kapitän der „Anita" führt das auf die gute Verteilung seiner Ladung zurück.

Im Umkreis der „Pamir" ist das Wetter noch immer gut. Die flaue Brise des Tages steigert sich bis zum Abend auf Süd 7. Das Schiff läuft unter vollen Segeln nach Norden und macht gute Fahrt. Der Himmel ist bewölkt, es regnet in leichten Schauern. Nach der Wetterfunkstation Washington NSS steht der Segler östlich des Hurrikanzentrums, etwa 300 Seemeilen entfernt. Dem Wirbelsturm wird eine Südost-Richtung vorausgesagt, die hinter dem Heck des Segelschiffes vorbeiführt. Am Abend erkennen Wetterflugzeuge, daß das Zentrum seine Bahn plötzlich geändert hat und mit wachsender Geschwindigkeit ebenfalls nach Norden zieht. Damit aber ist es nur eine Frage der Zeit, bis der Hurrikan die „Pamir" eingeholt haben wird.

Ob die Schiffsführung des Seglers sich über die Situation klar gewesen ist, hat sich nicht unbedingt feststellen lassen; es muß aber angenommen werden. Man kann den Ablauf der Katastrophe nur an den Funksprüchen ablesen und auf die Aussagen der wenigen Geretteten stützen, bei denen es sich durchweg um noch junge und relativ unerfahrene Seeleute handelt.

Am 21. September, morgens 4.00 Uhr, kommt der Leichtmatrose Hasselbach auf Wache. Er hört, daß der 1. Offizier Schmidt noch mehr Segel setzen will, der Kapitän aber nicht darauf eingeht. Wenn man am Vortage von „vollen Segeln" spricht, jetzt aber noch mehr setzen will, so bedeutet das, daß man inzwischen wenigstens das eine oder andere weggenommen hat. Kapitän Diebitsch befiehlt zudem: Klar Deck! Die Mannschaft merkt, daß „etwas Besonderes" in der Luft liegt. Man trifft Sturmvorbereitungen. Die großen Öffnungen der

Lüfter werden dichtgemacht und andere Öffnungen ebenfalls. Über Deck werden Strecktaue gezogen, an denen sich die Leute festhalten können. An den Seiten werden „Leichenfänger" ausgespannt: Netze, die verhindern, daß Menschen über Bord gespült werden. So geht das seit 6.00 Uhr, und die Wache hat alle Hände voll zu tun. Um 9.30 Uhr wird „Alle Mann" gepfiffen, und man beginnt, die Segel wegzunehmen. Es scheint, daß sie die leichten oberen noch festbekommen, aber dann geht es nicht mehr. Der Wind nimmt schnell zu und wird zum Sturm, die Segel stehen steif wie Bretter.

„Pamir" hat sich unter dem Druck der Segel weit übergelegt. „Bereits um 11.00 Uhr standen wir am Oberdeck bis zum Hals im Wasser", sagt Hasselbach. Um 10.30 Uhr hat ihm der Zweite Bootsmann erzählt, was los ist. „Er sagte zu mir: ‚Günter, hör mal zu, da ist ein Hurrikan im Anzug. Sie (die Schiffsleitung) erwarten das Auge (Zentrum) gegen Mittag.'" Der Bootsmann ahnt nicht, daß er damit seinen eigenen Tod ankündet. Die Windstärken nehmen so schnell zu, daß jetzt schwerer Sturm weht. Die See ist zu grünen Bergen getürmt.

Das Hurrikan-Gerücht kommt von der Funkerbude. Aber wer von den Jungen weiß denn schon, was es bedeutet! Ein neues großes Abenteuer? Sie haben noch den Mut der Ahnungslosen. Der Schiffsjunge Karl-Heinz Kraatz berichtet später: „Die Stimmung war gut, niemand dachte daran, daß wir untergehen könnten. Von einem Hurrikan habe ich den ganzen Tag nichts gehört. Ich wußte auch gar nicht, was das ist." Aber als alles vorbei war, erfährt Hasselbach im Rettungsboot vom 2. Offizier Buscher, daß der Funker schon um 9.00 Uhr den „Alten" gefragt hat, ob er SOS rufen solle. Der Kapitän habe jedoch gemeint, es genüge, daß sich Schiffe in der Nähe bereithielten.

Die Segel stehen steif wie Bretter, sie geben nicht nach, so gut sind sie. „Pamir" legt sich immer weiter auf die Seite. Da befiehlt der Kapitän, die Segel abzuschneiden. Sechs Mann der Stammannschaft entern auf und stechen mit Messern in sie hinein. Die Schoten werden losgeworfen, sie peitschen wild hin und her. Die Leinwand fetzt davon. Nach Hasselbach fliegen um 11.00 Uhr die ersten Segel weg. Aber trotz des verminderten Drucks bekommt „Pamir" immer mehr Schlagseite. Die Achtertür wird eingeschlagen und schwimmt weg. Das Rettungsboot Nr. 6 reißt sich los und geht über Bord.

Die Viermastbark legt sich immer weiter auf die Seite. Im Kartenhaus lesen die Jungen die Neigung vom Krängungsmesser ab und rufen sie dem Kapitän zu, der draußen steht: 35 Grad — 37 Grad — 39 Grad — 40 Grad Schlagseite! Schluß, die Skala ist zu Ende. So weit liegt die „Pamir" schon über und richtet sich nicht wieder auf. In der Kombüse kippen die Kessel vom Herd. Die Jungen bedauern das verlorene Mittagessen, an mehr denken sie noch gar nicht.

Um 11.30 Uhr (13.30 MGZ) meldet das nur 150 Seemeilen von der „Pamir" entfernte italienische Schiff „Marco": „Windstärke 11 bis 12 — See sehr rauh — Barometer fallend." Der Italiener steht offenbar im Zentrum des Tiefs, während bei der „Pamir" das Barometer steigt. So hat es jedenfalls Hasselbach den Ersten Offizier Köhler zum Kapitän sagen hören.

An Deck geht den Leuten das Wasser bis zum Hals. Schiffsjunge Kraatz wird gegen die Kombüse geworfen und verstaucht sich die Füße. Nach 12.00 Uhr werden dann die letzten Segel zerschnitten und fliegen davon. Ganz zuletzt die schwere Fock, so sagt es Volkert Anders. Aber das Schiff richtet sich trotzdem nicht mehr auf. Es macht nur noch wenig Fahrt, treibt eher auf der Stelle. Am Ruder stehen noch zwei Mann. Das Ruder liegt hart Steuerbord, um vor den Wind zu kommen. Vergeblich!

Als Hasselbach um 12.15 Uhr noch einmal unter Deck geht, ist die Segelkoje halb voll Wasser. In seinem Wohnraum steht das Wasser bis zum Bullauge. Es fließt von draußen herein und erhöht das auf dem Schiff lastende Gewicht. In den Maschinenraum ist dagegen kein Wasser eingedrungen. In der Funkbude muß sich der Funker einklemmen, um nicht vom Stuhl zu fallen. Der 1. Offizier versucht für alle Fälle, den

Notsender klarzumachen, aber es gelingt ihm nicht. Der Funker selbst setzt seine Meldungen ab und bleibt bis zum Ende auf seinem Posten. Leichtmatrose Wirth: „Als wir losschwammen, war er noch in seiner Bude."

Den ersten Hilferuf belegt später eine amerikanische Quelle aus New York. Um 11.36 Uhr ruft der Segler: „viermastbark pamir treibt im hurrikan, segel verloren, position 36 grad 20 minuten nord, 40 grad 20 minuten west, schiffe in der nähe bitte verbindung aufnehmen."

Als erster meldet sich der amerikanische Frachter „Penn Trader": „bin 70 meilen entfernt, kann sie erreichen am 22. september gegen 1.00 uhr." Das Telegramm wird von „Pamir" mit „verstanden, okay" quittiert.

Die angegebenen Uhrzeiten weichen zwei Stunden voneinander ab. Während sich die Funksprüche auf Mittlere Greenwicher Zeit beziehen (MGZ), rechnet man an Bord der „Pamir" mit der zwei Stunden späteren Ortszeit. Demnach wurde der erste nachdrückliche Hilferuf um 12.01 Uhr (14.01 MGZ) abgegeben: „in schwerer see, segel verloren, schlagseite 35 grad, noch zunehmend. position 35 57 nord, 40 20 west, schiffe in der nähe bitte melden."

Nur eine Minute später hört man: „hier pamir, bitte kurs ändern, bitte kommt auf uns zu."

Und wieder nur zwei Minuten später: „im schwersten Sturm, alle segel verloren, schlagseite 35 grad. alle in der nähe befindlichen schiffe bitte melden." An der hektischen Eile erkennt man die zunehmende Sorge, wobei es nicht ganz feststeht, ob es sich um eigene Rufe des Funkers handelt oder um formelle Mitteilungen des Kapitäns.

Um 12.12 Uhr (14.12 MGZ) antwortet der norwegische „Tank Duke": „halte mich bereit nach order von pamir, 119 seemeilen entfernt."

Um 12.15 Uhr (14.15 MGZ) Funkspruch des amerikanischen Frachters „President Taylor": „president taylor auf dem wege zur pamir — andere schiffe halten sich bereit."

Um 12.20 Uhr (14.20 MGZ) empfängt man von „Pamir" eine erneute Positionsmeldung und zusätzlich ein anscheinend verstümmeltes „pamir — hier windstärke 5, hurrikan." Die Windstärkenangabe stimmt nicht und veranlaßt den Amerikaner „Penn Trader", der sich zuerst gemeldet hatte, zur Rückfrage: „hier penn trader, bitte geben sie an, was für wind bei ihnen."

Und nun die Gegenseite.

Seit 12.13 Uhr (14.13 MGZ) hält ein Schiff auf die „Pamir" zu. Um 12.15 Uhr macht sich der amerikanische Frachter auf den Weg zum bedrängten Segelschulschiff. Ein drittes Schiff meldet sich: „laufe auf sie zu, bitte geben sie genaue position." Andere Schiffe halten sich bereit.

Um 12.26 Uhr (14.26 MGZ) bietet der Dampfer „Chrystal Bell" seine Hilfe an: „wir können sie morgen gegen 17 uhr erreichen, wünschen sie weitere hilfe?" Das Segelschulschiff winkt indessen noch ab: „sie können ihre reise fortsetzen, danke, brauchen ihre hilfe nicht." Der scheinbare Widerspruch zwischen den Hilferufen läßt sich leicht erklären. Der Kapitän der „Pamir" vermag sich noch nicht die heraufziehende Katastrophe einzugestehen. Um nicht mehr Schiffe als nötig aufzuhalten, beschränkt er sich auf die ihm räumlich am nächsten stehenden Hilfsangebote. In der nächsten halben Stunde werden noch mehrere Funksprüche gewechselt, unter anderem mit dem Norweger „Pacific Express".

Inzwischen versammeln sich alle Mann auf dem Hochdeck der „Pamir". Zu tun gibt es nichts, sie warten ab, was werden wird. Der Kapitän steht unter ihnen. Er ist nur vertretungsweise an Bord, und obwohl der Besatzung seine Art nicht liegt, muß sie doch zugeben, daß er sehr gefaßt wirkt und ihnen Mut zuspricht. Trotz der ungewohnten Last auf seinen Schultern merkt man es ihm an, daß er die Hoffnung nicht verloren hat. Jungs, irgendwie wird das schon klargehen!

Der Kochsmaat Karl-Otto Dummer hat Zigaretten aus der Kombüse geholt und verteilt sie. Ein Schluck Schnaps ist auch da. Im Windschutz der Reling stecken sich Koch und Segelmacher ihre Glimmstengel an und schmöken. Einige klettern auch noch ins Logis und ziehen sich trockenes Zeug an. Der Schiffsarzt Dr. Ruppert hat seinen Filmapparat geholt und nimmt das Abtreiben des Rettungsbootes auf. Er filmt und filmt. Der Film ist leider verlorengegangen. Er hätte mithelfen können, die Frage zu klären, ob „Pamir" tatsächlich vom Zentrum des Hurrikans erfaßt wurde. Denn die unvorstellbar fürchterliche Gewalt eines Hurrikans, der in Westindien Häuser umwirft und über den genügend Berichte und Filme vorliegen, läßt eine solche Bewegungsfreiheit der Betroffenen einfach nicht zu.

Das bestätigen der Bericht des Grafen Larisch, die Aussage des Kapitäns der „Anita" (die Sicht gleich Null, die See haushoch) und vor allem das Kapitel „Tropische Orkane" im Seehandbuch:

Der Wind wird zum Sturm, der Regen wird zum Regenguß. Der Himmel hat sich ganz bedeckt. Noch jagen über die bleigrauen Schichten schwere, drohende Wolken hin, aus denen der Regen strömt. Aber zuletzt kann man auch diese nicht mehr unterscheiden. Wolken, Regen und der Gischt des Meeres sind eine Masse. Sie werden vom Sturm gemischt und gejagt. Dem Fall des Barometers entsprechend mehren sich die Windstöße und werden heftiger.

Das Schiff ist in allen Fugen erschüttert. Es zittert und stöhnt, von Bewegungen ist nur selten die Rede. Die Wellen können nicht mehr brechen, da ihre Köpfe im Gischt zerstäubt weggeweht werden. Sie wälzen sich durcheinander und über das Schiff hin wie über eine Klippe schlagend. Die Menschen sind nicht mehr imstande zu gehen oder zu stehen! Unter dem Schutz des Schanzkleides kriecht man auf dem Deck entlang! Wer stehen muß, ist festgebunden!

Später, als der Vorsitzende des Seeamtes Lübeck den Überlebenden das vorliest, sagt Volkert Anders lächelnd: „Das ist ein bißchen übertrieben." Und Hasselbach meint sogar: „Das ist furchtbar übertrieben." Und die Kameraden pflichten ihnen bei, so schlimm war es nun wirklich nicht. Die See war weißlich grün und kam ganz regelmäßig von Backbord. Sie hatte gleichmäßig lange Kämme, etwa zehn Meter hoch. Der Wind war steif und stetig. Unbewußt bestätigen diese jungen Zeugen, denen die Vergleichsmaßstäbe fehlen und die noch nie einen Hurrikan erlebt haben, sich streng an das haltend, was sie sahen — daß die „Pamir" nicht im Zentrum des Hurrikans gewesen ist. Der Hurrikan hat die Viermastbark im Vorübergehen gestreift. Dafür sprechen auch das erwähnte Steigen des Barometers (wenn es stimmt), die Ruhe des Kapitäns, der nach Lage der Dinge nicht mit dem Schlimmsten zu rechnen brauchte, und das meteorologische Gutachten vom Deutschen Seewetterdienst Hamburg, der Kurs und Laufbahn verfolgte und den Mindestabstand der „Pamir" vom Zentrum des Hurrikans zeitlich und räumlich festlegt. Am 21. September, mittags 12.00 Uhr, hat das Schiff mit 60 Seemeilen die geringste Entfernung vom Zentrum des Wirbelsturms gehabt. 60 Seemeilen, das sind 110 Kilometer.

Nun gut, der Hurrikan hat die Viermastbark gestreift. Trotzdem ist er ihr buchstäblich über den Kopf gewachsen. Die „Pamir" war ein ausgezeichnet erhaltenes Schiff, nach Laeiszschen Maßstäben gebaut und gut instandgehalten. Sie hatte manchen Sturm erlebt. Noch unter der Flagge von Neuseeland war sie 1941 im Pazifik in einen Orkan und damit in eine ähnliche Situation geraten. Wie man erfuhr, hatte der damalige Kapitän seine Leute aus den Masten zurückgezogen, weil sie herunterzufallen drohten, und das Schiff dem Hurrikan überlassen. 18 Segel waren weggeflogen. Das Schiff selbst kam davon, als ob nichts gewesen wäre.

Diesmal kommt sie nicht davon. Der Ausläufer des Hurrikans, sein bloßes Streifen ist für die Viermastbark gleichbedeutend mit dem Hauch des Todes.

In der nächsten halben Stunde überstürzen sich die Ereignisse. Der Schiffsjunge Karl-Heinz Kraatz sieht, wie sich die

Masten neigen und die Enden der Rahen immer tiefer ins Wasser tauchen. Er sagt noch: „Wenn ich das später erzähle, was wir für eine Schlagseite hatten, wird mir das keiner glauben." Einige lachen, aber wenig später haben sie nichts mehr zu lachen, und nur wenige werden davon erzählen können. Um 12.42 Uhr (14.42 MGZ) ruft „Pamir" wieder den „President Taylor" und bittet ihn, auf Empfang zu bleiben.

12.52 Uhr (14.52 MGZ) geht ein vom Kapitän unterzeichnetes Telegramm an den Amerikaner ab: „bitte kommen sie sofort zu mir — kapitän." Zwei Minuten später heißt es: „an alle von pamir — sos — sos — sos — jagt auf uns zu, deutsche viermastbark in gefahr zu sinken."

12.57 Uhr (14.57 MGZ) geht der letzte vollständige Funkspruch hinaus: „an alle von pamir — jetzt eilts — schiff nimmt wasser — gefahr des sinkens."

An Bord der Viermastbark befiehlt der Kapitän, Schwimmwesten anzulegen. Es ist höchste Zeit, durch die Schräglage des Seglers ist zuviel Wasser ins Innere gelaufen. „Pamir" sinkt. Niemand hat damit gerechnet. Die Rettungsboote sind auf der Leeseite eingeklemmt und können nicht freigemacht werden.

Hasselbach berichtet: „In den letzten fünf Minuten standen wir auf dem Hochdeck. In meiner Nähe der 2. Offizier Buschmann, der Bootsmann Helmuth Lütje und der alte Segelmacher. Lütje sagte, jetzt ist es soweit, und dann war es auch soweit."

Um 13.03 Uhr (15.03 MGZ) wurde „Pamir" dreimal von der See überrollt. Ein Anruf an den „President Taylor" bricht plötzlich ab. Die Viermastbark ist gekentert. Ihr Funker ist in seiner Kabine eingeschlossen, und der Kapitän ist an Bord geblieben ...

Hasselbach erzählt weiter: „Ich klammerte mich an einer Rahnock fest. Viele meiner Kameraden konnten unter dem Schiff nicht mehr hervorkommen. Die ‚Pamir' lag noch etwa eine halbe Minute auf dem Wasser, dann sank sie. Die im Wasser Schwimmenden riefen einander zu: „Schiffe sind in der Nähe, in sechs Stunden können sie hier sein."

Heute wissen wir, daß sich die Seeleute von 78 Schiffen, die zur Untergangsstelle geeilt waren, die Augen aus dem Kopf nach Überlebenden ausguckten. Desgleichen kreisen über der hochgehenden See des Atlantiks, sobald das Wetter es zuläßt, pausenlos amerikanische, kanadische und portugiesische Flugzeuge.

Volkert Anders sitzt oben auf der Reling. Beim Eintauchen wird er eingeklemmt, schlägt wild um sich und ist endlich frei. „Als ich auftauchte, war die Wasseroberfläche voll von Köpfen. Ich glaube, die meisten hatten es geschafft, noch einmal hochzukommen. Aber zehn Minuten später sah das anders aus, da versank einer nach dem anderen. Ich glaube, sie hatten Wasser geschluckt und waren besinnungslos geworden, da kippten ihre Köpfe nach vorne. So ist das bei den alten Schwimmwesten, die die ‚Pamir' hatte. Neue Schwimmwesten haben einen Halskragen, der verhindert, daß der Kopf zur Seite pendelt und Besinnungslose ertrinken."

Das ist einer der Vorwürfe, die später vor dem Seeamt zur Sprache kommen: die veralteten Schwimmwesten.

Volkert sichtet mit seinem Freund Andresen im Wasser ein Rettungsboot. Und dann noch eins, aber ein beschädigtes. Er schwimmt auf das beschädigte zu und erreicht es nach einer langen Zeit, während sein Freund ertrinkt. Das Heck des Bootes ist abgerissen, es taucht bis zum Rand ein. In dem kaputten Boot sind noch Wirth und Frederichs.

Kraatz bezeugt später: „Kein Boot ist ordentlich zu Wasser gekommen. Alle Bootsgalgen standen unter Wasser." Als erstes ging das vorerwähnte Boot Nr. 6 verloren und wurde zerschlagen. Das Boot, in dem sich die drei wiederfinden, ist Boot Nr. 5. Der Bug ist abgerissen, die Ausrüstung schon herausgewaschen. Nach den drei jungen Leuten kommen noch sieben von Trümmern, Rettungsringen und Flößen. Zusammen sind es nun zehn.

Um sie herum ertrinken viele. Als sie einem Matrosen, der auf einer Tür vorbeitreibt, helfen wollen, brüllt der: „Es hat

Bark „Gorch Fock"
Segelschulschiff der Deutschen Bundesmarine

doch keinen Sinn mehr, du bist genau so verloren wie ich. Wir sind alle verloren." Die zehn im Boot bestimmen zu ihrem Führer den Ältesten, den Kochsmaat Karl-Otto Dummer. Er hat viel zu ihrer Rettung beigetragen. Dummer denkt an alles, er hat an Bord noch Schnaps verteilt, Besanschot an, wie man so sagt. Das Boot können sie unter sich nur fühlen, es schwimmt genaugenommen eben unter Wasser und kentert dreimal. Nur mit viel Mühe können sie es wieder aufrichten. Das Wasserfaß treibt fort, und an dem eingenähten Notproviant in Dosen reißen sie sich die Finger blutig.

Günter Hasselbach ist im Boot Nr. 2 untergekommen. Es sind noch 21 Mann darin oder hängen ringsum daran. Auch dieses Boot wurde beim Aussetzen beschädigt und hat vier große Löcher im Boden. Der Sachverständige der See-Berufsgenossenschaft sagt später: „Es ist so gut wie unmöglich, in einem Orkan ein Boot heil zu wassern. In einem anderen Seenotfall wie Brand, Kollision oder bei einer Hilfsaktion hätten sich die Rettungsboote sicher bewährt." Je nun, man kann sich den Seenotfall nicht aussuchen.

Kurz nach dem Untergang der „Pamir" sehen sie noch ein drittes Boot mit etwa zwanzig Mann davonrudern. Von diesem Boot und seinen Insassen hat sich keine Spur mehr gefunden. Es ist in der Weite des Atlantiks verschollen.

Das Boot Nr. 2, mit Hasselbach, schlägt auch um und wird wieder mit Not und Mühe aufgerichtet. Beim Kentern gehen die Wasserfässer verloren. Die roten Notsignale sind naß und unbrauchbar geworden. Das aber ist unverzeihlich; denn, so berichtet Hasselbach weiter:

„Plötzlich sichteten wir in fünf bis sechs Seemeilen Entfernung ein Schiff. Ich glaube, es war ein Tanker. Wir wollten die Rauchboje loslassen, aber sie funktionierte nicht. Akustische Signale mit dem Mundhorn wurden nicht gehört." Und so zieht der Tanker vorbei.

Man kann sich die Verzweiflung der Schiffbrüchigen vorstellen. Die Stunden verrinnen, es wird dunkel, sie treiben in den

Abend. Die ganze Zeit stehen und sitzen sie bis zum Freibord im Wasser. Die luftgefüllten Behälter, die dem Boot einen zusätzlichen Auftrieb geben sollen, sind losgeschlagen. Auch dieser Punkt wird später kritisiert, ebenso der unzweckmäßig verpackte Notproviant, dessen süße Büchsenmilch und Kekse den Durst noch steigern. Und während die Schiffbrüchigen im Ozean treiben, meldet New York, daß „seit dem letzten SOS-Ruf am Sonnabendmittag bisher nur ein zerschlagenes Rettungsboot mit der Aufschrift ‚Lübeck' gesichtet" wurde. Vor dem Seeamt ist auch noch von einem kleinen Schlauchboot für vier Personen mit einem tragbaren Funkgerät die Rede, außerdem von zwei Doppelschlauchbooten. Nichts hat man mehr von ihnen gehört ...

Etwa vier bis fünf Stunden nach dem Untergang der „Pamir" sind die ersten Hilfsschiffe an der Unfallstelle. Alles, was sich im Umkreis von 200 Seemeilen befindet, wird aufgefordert, hinzudampfen. Über sechs Tage hinweg beteiligen sich 78 Schiffe von 15 Nationen an der Suche nach Überlebenden. Es ist die bisher größte Hilfsaktion in der Schiffahrtsgeschichte, und sie wird von dem Wachtschiff „Absecon" der US Coast Guard geleitet. Das fragliche Gebiet wird in drei Seemeilen breite Streifen eingeteilt und täglich seitlich verändert. Jedes Schiff fährt seine Streifen ab. „Absecon" bleibt als Leitschiff frei und steht in Verbindung mit den Suchflugzeugen. Die Sichtverhältnisse sind sehr schlecht, und die See ist noch immer sehr grob.

Die „Pamir" ist am Sonnabend untergegangen. Am späten Montagabend findet der amerikanische Dampfer „Saxon" das zerschlagene Boot Nr. 5 mit fünf Überlebenden: Anders, Frederichs, Kraatz, Wirth und Dummer.

Am Dienstag stößt die „Absecon" fast zufällig auf das beschädigte Boot Nr. 2. Von seinen anfänglich einundzwanzig Insassen ist nur noch einer vorhanden: Günter Hasselbach. Das Wachtschiff meldet: „Der von uns zuletzt gefundene

Überlebende stand in dem vollgeschlagenen dunklen Boot, wir haben ihn erst auf 250 Yards gesichtet."

Von 86 Mann Besatzung der „Pamir" sind nur sechs übriggeblieben. Alle anderen haben den Tod in den Wellen gefunden. Die Überlebenden werden von einem Truppentransporter nach Casablanca gebracht, und auf sie richtet sich das Interesse der Weltöffentlichkeit. Alle bedeutenden Blätter der internationalen Presse berichten in großer Aufmachung von ihrer Rettung. Die Suche der Schiffe geht noch weiter und wird erst nach sieben Tagen abgebrochen.

Die Atmosphäre in Casablanca ist so übererregt, wie sie nur sein kann. Anstatt daß man die Jungen in Ruhe zu sich selbst finden läßt, werden sie Scharen von Pressevertretern und Rundfunkreportern ausgesetzt. Die Massenmedien pochen auf Auskunft. Was ist geschehen, und wie war das möglich? Auch ein großes norddeutsches Magazin glaubt den Untergang „untersuchen" zu können und bringt gleich den Vater eines Geretteten mit. Das Blatt beginnt sofort mit versteckten Vorwürfen, warum die anderen Väter nicht auch eingeflogen wurden, und spart nicht mit Geld, sensationelle Tatsachen aufzustöbern, wenn man auch sachlich nichts davon versteht. Hauptsache, die Auflage steigt.

Ein gutes Vierteljahr später, am 4. Januar 1958, beginnt im ehrwürdigen Rathaus der Hansestadt Lübeck, dem letzten Heimathafen der „Pamir", das Seeamt, die Vorgänge zu untersuchen, die zum Untergang der Viermastbark führten. Unter dem Vorsitz von Amtsgerichtsrat Luhmann wird in sechs langen Tagen zerpflückt, was man bei weniger spektakulären Seeunfällen eher in sechs Stunden herauszufinden versucht. Neben rund 90 Angehörigen der Ertrunkenen und 40 Repräsentanten aus der Schiffahrt, wozu auch die „Stiftung ‚Pamir' und ‚Passat'" gehört, sind von 70 Zeitungen aus aller Welt Korrespondenten erschienen. Das Seeamt, neben dem Vorsitzenden mit vier Kapitänen als Beisitzern versehen, hat 19 Sachverständige aufgeboten. Vom Deutschen Seewetterdienst bis zur Technischen Hochschule Hannover, von der See-Berufsgenossenschaft bis zu den Funksachverständigen der Deutschen Bundespost und prominenten früheren Segelschiffskapitänen, wie Lehmberg (von der „Bremen“ und „Oldenburg“), Wendt (von der „Padua“) und Kapitän Piening, Inspektor von Laeisz, einer der ältesten und erfahrensten deutschen Segelschiffsführer überhaupt. Daß Kapitän Grubbe von der „Passat“ anwesend ist und der eigentliche Kapitän der „Pamir“, Eggers, der krankheitshalber eine Reise ausgestiegen war, versteht sich von selbst. Als man nach den zermürbenden Darstellungen und Gegendarstellungen, Gutachten, Aussagen und Mutmaßungen endlich auseinandergeht, kann man wirklich sagen: Wenn man vom Rathaus kommt, ist man immer klüger ...

Das Seeamt hat es in seinen Ermittlungen schwerer als sonst, da alle Papiere vernichtet und alle „Beteiligten“, nämlich die Patentinhaber, tot sind und nichts mehr aussagen können. Man ist ganz auf die persönlichen Eindrücke der sechs Geretteten angewiesen, denen wegen ihrer noch geringen Berufserfahrung die Vergleichsmaßstäbe fehlen. Sie können nur das berichten, was sie mit eigenen Augen sahen und empfanden — und manchmal vielleicht nicht einmal das, um nur nicht zuviel zu reden; denn auch sie „schwören bei Gott, dem Allmächtigen, nach bestem Wissen und Gewissen die reine Wahrheit gesagt zu haben“. Und damit nehmen sie es sehr genau, und ehe sie etwas Falsches beeiden, bemerken sie wie der Leichtmatrose Frederichs, „daß ich am ersten Tage Ihre Fragen nicht immer verstanden habe. Ich wußte nicht, was ich darauf antworten sollte, aber verschwiegen habe ich nichts.“

Folgende Punkte stehen zur Debatte: 1. Die Ausrüstung der „Pamir“, 2. die Besatzung, 3. die Beladung, 4. das Wetter, 5. der Funkverkehr, 6. die Zeugenaussagen über die Umstände vor der Katastrophe und 7. die Vorgänge nach dem Kentern, soweit es den Zustand der Rettungs- und Signaleinrichtungen betrifft. Einzelschicksale sollen „aus naheliegenden Gründen" hier nicht erörtert werden.

Die Zeugen reden also, und die Sachverständigen müssen es ergänzen, erläutern und deuten. Manches muß als wahrscheinlich angesehen werden, und Stück für Stück kommt dann ein Bild zusammen, das nicht in allen Punkten dem Bild entspricht, das man sich im allgemeinen davon gemacht hat. Und nicht wenige sind überrascht und schockiert. Aber immer der Reihe nach ...

Im Verlauf der Verhandlung stellt sich heraus, daß die Viermastbark „Pamir" trotz ihrer 52 Jahre noch immer ein ganz vorzüglich erhaltenes Schiff gewesen ist, das die höchste Klasse besaß. Sie hatte im Laufe eines halben Jahrhunderts so manchen Sturm erlebt, darunter auch den vorerwähnten Hurrikan im Pazifik, wobei sie alle Segel verlor. Der Mannschaft wurde das beste Zeugnis ausgestellt, die Korrespondenzreederei hatte sie besonders ausgesucht. Man kann das an den Geretteten deutlich bemerken.

Was die Schiffsleitung betrifft, so bekommen die Zuhörer einiges zu hören, was sie nachdenklich stimmt. Der für den erkrankten Kapitän Eggers als Vertreter eingesprungene Kapitän hat zwar auf dem viel kleineren „Schulschiff Deutschland" gefahren — aber vor fast zwanzig Jahren, sei jedoch seitdem außer auf der 30 Meter langen „Xarifa" von Hans Hass nie tatsächlich Kapitän gewesen. Der Erste Offizier war zwar ein hervorragender Nautiker, verfügte aber außer zwei Reisen auf der „Pamir" über keine Segelschiffserfahrung. Der andere Erste Offizier hat die Reise eher als Passagier unternommen, um ein Buch zu schreiben. Der Zweite Offizier war von der Bundesmarine an Bord geschickt worden, um für das geplante eigene Schulschiff der Marine Segelerfahrungen zu sammeln. Nur der andere Zweite Offizier hatte als einziger gründliche Segelschiffserfahrung. Er hatte als Schiffsjunge auf der „Pamir" angefangen, immer nur auf Seglern gefahren, und die jungen Leute hingen sehr an ihm. Ein prima Kamerad, sagen sie.

Als man über die Ladung spricht, stellt sich heraus, daß die Gerste nicht in Säcken gestaut, sondern einfach lose in den Raum geschüttet wurde. Das ist schwer zu verstehen, nicht zuletzt, wenn man an die Weizenfahrten von Australien denkt, wo man auf Nummer sicher geht und Getreide mit Windjammern ausnahmslos in Säcken verschifft. Loses Getreide neigt wie „flüssige" Ladungen bei schwerem Wetter unweigerlich zum Verrutschen nach einer Seite und ist dann, trotz der Längsschotten und Zwischenbretter, nicht mehr zu halten.

Das ist aber noch nicht alles, hier kommt etwas anderes hinzu. „Pamir" hatte eingebaute Tieftanks, in denen sie 750 Tonnen Ballastwasser fahren konnte, um stabil zu sein und nicht umzufallen. Diese Tanks waren nicht mit Ballastwasser gefüllt, sondern ebenfalls mit loser Gerste. Alles zusammengenommen kann man so verstehen, daß die Schiffsleitung mit einer Schönwetterreise rechnete.

Nach Meinung des Sachverständigen, eines Professors von der TH, wäre die „Pamir" bei gefluteten Bodentanks mit einer Höchstschlagseite von 20 Grad davongekommen. So wie die Dinge lagen (und er bemängelt auch die vielen Segel und neben der verrutschten Ladung das eingedrungene Wasser), genügten schon Windstärken um 8, das Schiff zum Kentern zu bringen. Die Viermastbark ist im übrigen, so sagen es die Meteorologen, nicht im Zentrum des Hurrikans, wohl aber 60 Seemeilen davon entfernt gewesen. Was sich auch mit den Wetterbeschreibungen der Geretteten deckt, die hartnäckig an ihren Aussagen festhalten. Aber auch so gesehen war es schlimm genug.

Selbst der Bundesbeauftragte, der hier die öffentlichen Interessen vertritt, muß zugeben, daß ihm für die Maßnahmen in den letzten Stunden vor dem Untergang das Verständnis fehle. Es lasse sich nur damit erklären, daß sich die Schiffsführung nicht über die drohende Gefahr im klaren gewesen sei. Nach und nach, erst zögernd, dann immer stärker, setzt sich die Ansicht durch, daß die Viermastbark unter günstigeren

Voraussetzungen sowohl die Windstärken als auch den Seegang hätte überstehen können. Man könne deshalb nicht einfach von höherer Gewalt sprechen. Folgende Umstände seien zusammengetroffen: zu viele Segel geführt, die verrutschte Gerstenladung, die nicht gefluteten Tanks, das bei der Schräglage eingedrungene Wasser, eine achterliche Dünung und Wind und Wetter allgemein. Einen häßlichen Mißton bringt eine Flaschenpost, die ausgerechnet in diesen Tagen an der englischen Küste angetrieben sein soll. Das Seeamt entlarvt sie schnell als eine Fälschung, und die „Stiftung ‚Pamir' und ‚Passat'" erstattet Anzeige gegen Unbekannt.

Was im Zuge der Verhandlung noch zur Sprache kommt: Beinahe wäre auch die „Passat" ein Opfer der Umstände geworden, und es hätte einen zweiten Pamir-Fall gegeben. Auch die „Passat" hatte für die Heimreise lose Gerste geladen. Am 3. November des gleichen Jahres geriet die Viermastbark in grobe See mit Windstärken von 9 und 10. Das Schiff arbeitete schwer und holte bis zu 35 Grad über, als sich Kapitän Grubbe entschloß beizudrehen. Gegen Morgen nahm die Schlagseite auf 45 Grad zu, und der Segler holte noch mehr über. Hochdeck und Luken lagen ständig unter Wasser. Da sich das Wetter nicht besserte, wurden schließlich die Ballasttanks geflutet. Die „Passat" lag dann mit leichter Schlagseite beigedreht und erreichte schließlich Lissabon. Später wurde das Segelschulschiff stillgelegt.

Nach sechstägiger Verhandlung ist die Beweisaufnahme geschlossen, und das Seeamt zieht sich zur Beratung zurück. Es hat im Sinne des Rechtes kein Urteil zu fällen, dafür aber einen „Spruch". Der Spruch des Seeamtes ist „ein unter behördlicher Aufsicht zustande gekommenes Gutachten". Um nicht unter Zeitdruck zu geraten und das Für und Wider in Ruhe abwägen zu können, weicht es auch jetzt vom Herkömmlichen ab und legt eine mehrtägige Pause ein.

An einem Montagmorgen, der Rathaussaal ist nur noch schwach besetzt, verliest Amtsgerichtsrat Luhmann den Spruch des Seeamtes Lübeck in der Seeunfallsache „Pamir". Es ist der 20. Januar 1958. Nachstehend einige Auszüge:

Die Viermastbark „Pamir", ein frachtfahrendes Segelschulschiff, ist am 21. September 1957 gegen 16.00 MGZ im Atlantik auf Position 35 Grad 57 Minuten Nord, 40 Grad 20 Minuten West etwa 600 Seemeilen südwestlich der Azoren bei schwerem Nordoststurm im Sturmfeld eines tropischen Orkans gekentert und gesunken. Von der 86 Mann starken Besatzung konnten nur sechs Mann gerettet werden. Sie sind an den nachfolgenden Tagen aus zertrümmerten Rettungsbooten geborgen worden. Alle übrigen sind ums Leben gekommen.

Die „Pamir" führte sämtliche Marssegel, Fock und mehrere Stagsegel und segelte hart angebraßt mit Steuerbordhalsen am Winde, als der bisher etwa in Stärke neun wehende Sturm in kurzer Zeit stark zunahm. Das Schiff war diesem Winddruck mit den geführten Segeln, der Segelstellung, seinem Beladungszustand und dem nicht mit Ballastwasser gefluteten Tieftank stabilitätsmäßig so wenig gewachsen, daß es eine starke Backbordschlagseite erhielt.

Infolge Überschreitung ihres Böschungswinkels kam die zum größten Teil lose geladene und während der Reise gesackte Gerste trotz aufgebauter Längsschotte in Bewegung und ging in zunehmendem Maße nach Backbord über. Außerdem drang Wasser in die nicht überall verschlossenen und auf Backbordseite bereits eingetauchten Aufbauten, so daß auch deren Auftriebskraft verlorenging. Auf diese Weise ist das Schiff gekentert ...

... Es sind keine Anhaltspunkte für die Annahme gegeben, daß der Erhaltungszustand des Schiffskörpers bei dem Untergang eine nachteilige Rolle gespielt hätte. Die Masten, das stehende und laufende Gut und die Segel waren im besten Zustand. Die Funkeinrichtung war erstklassig und ging über das bestimmungsgemäß Erforderliche hinaus ...

Die Gefährlichkeit, voraussichtliche Zugrichtung und Marschgeschwindigkeit des Hurrikans „Carrie" waren seit Tagen von der für dieses Seegebiet maßgeblichen Wetterfunkstation (Washington NSS) in laufenden Warnmeldungen ... der Schiffahrt bekanntgegeben worden. Ob der Schiffsleitung der „Pamir" die bedrohliche Annäherung dieses tropischen Orkans bis zum Morgen des Unglückstages unbekannt geblieben ist, konnte nicht geklärt werden. Die technischen Voraussetzungen für den Empfang der Orkanwarnungen sind gegeben gewesen.

Rückschauend betrachtet wäre durch ein am 19. September durchgeführtes Beidrehen der „Pamir" oder durch Ausweichen in südliche oder östliche Richtung eine gefährliche Berührung mit dem Orkanfeld vermieden worden. Die gesteuerten Kurse widersprachen aber auch dann nicht den anerkannten Regeln der meteorologischen Navigation, wenn man davon ausgeht, daß die Orkanwarnungen der Schiffsleitung bekannt gewesen sind.

Die Segelführung und Segelstellung in den letzten Stunden dagegen widersprachen jenen Regeln und haben sich sehr ungünstig ausgewirkt.

Die Such- und Rettungsaktionen sind, nachdem eine Aufforderung an alle im Umkreis von 200 Seemeilen anwesenden Schiffe ergangen war, mit beispielhafter Organisation, Gründlichkeit und Ausdauer durchgeführt worden. Allen daran beteiligten Seeleuten, Reedern und nicht zuletzt den Fliegern gebührt Dank und Anerkennung ...

Die „Stiftung ‚Pamir und Passat'" protestiert gegen diesen Spruch, was sie sachlich aber nicht weiterbringt. Sie erklärt, daß es auch ohne diesen Seeunfall beabsichtigt gewesen sei, die beiden Segelschulschiffe aufzulegen; denn sie seien ein reines Zuschußgeschäft gewesen. Der Bund, die Küstenländer und die Reeder hätten jährlich etwa 650000 D-Mark aufbringen müssen, um den Verlust zu decken. Durch Reparaturen und notwendige Umbauten seien seit 1955 in jedes Schiff rund eine Million D-Mark hineingesteckt worden. Und nun spricht man auf einmal davon, daß die beiden Viermastbarken durch das „Schulschiff Deutschland" in Bremen mit seiner viel größeren Aufnahmefähigkeit von 150 Mann hätten ersetzt werden sollen. Aber dazu ist es jetzt zu spät.

Hunderttausende, ja Millionen fort, und nun dieses! Und das ist das eigentliche Ende der Segelschiffsausbildung in Deutschland, die von den Behörden der BRD inzwischen schon zu den Akten gelegt worden war. Denn, wie das Seeamt Lübeck sagt, „es wäre unverständlich und inkonsequent, wenn man von künftigen Kapitänen und Offizieren der Motorschiffe eine solche erwartet — und deshalb ist das Schulschiff ja in Dienst gestellt worden —, auf der anderen Seite aber auf diese (Schul-) Schiffe Offiziere setzt, die über diese Erfahrungen nicht verfügen."

Im fernen Südafrika bemerkt Pamela Erikson, deren Hochzeitsreise mit der „Herzogin Cecilie" auf den Klippen der englischen Kanalküste endete:

„Wir Åländer schüttelten die Köpfe, als wir erfuhren, daß ‚Pamir' und ‚Passat' lose Gerste laden durften — die gefährlichste Ladung unter Segel. Wissen Sie, wie sehr auch zuweilen der alte Gustaf Erikson Geld brauchte, er ließ lieber seine Schiffe müßig herumliegen, als sie mit losem Getreide auf die Reise zu schicken. Ich kann es nicht sagen, wie sehr wir alle um die ‚Pamir' trauerten. Sie war der erste Großsegler, den ich sah, in Sydney liegend, und auf der Stelle verlor ich mein Herz an sie."

rechts: Bark „Gloria"
Schulschiff der kolumbianischen Marine

Abschied vom Wind

Ein paar Jahre später ist die „Seute Deern" wieder im Lande. Aus Holland zurückgekehrt, hat sie als Gastwirtschaft in Bremerhaven festgemacht. Wir sitzen im Zwischendeck der alten Bark und lassen es uns bei Bier und Köm und Labskaus mit Rollmops und Rote Beete wohlsein. Im dicken Gebälk des Windjammers knarrt es hin und wieder, in seinen Winkeln lagern geheimnisvolle Schatten, und ein Harmonikavirtuose untermalt die Stimmung mit der „Reeperbahn nachts um halb eins", was überhaupt kein Seemannslied ist, sondern ein Schlager von Ralph Arthur Roberts, der aber jeden Seemann vom Stuhl reißt. Das Zwischendeck ist proppendickevoll, jeder singt mit, und mein Nachbar, ein bekannter Schiffshistoriker aus Altona, ruft: „Heute ist es wieder mal schön bei der christlichen Seefahrt!"

Recht hat er, und zur See gefahren ist er übrigens auch. Heute sind wir Gäste des Schiffahrtsmuseums Alter Hafen in Bremerhaven. Die „Seute Deern" ist ein Bestandteil des Alten Hafens, in dem Schiffe vergangener Epochen ihren letzten Ankerplatz gefunden haben und dem Fremden unter freiem Himmel Schiffahrtsgeschichte zeigen. Denn die Welt ändert sich rapide.

Während wir eben noch mit einem Bein an Deck eines Windjammers standen, setzen wir den anderen Fuß schon auf den Mond. Die Zukunft hat längst begonnen, Freunde. Heute trägt ein Flugzeug mehrere hundert Menschen auf einmal in wenigen Stunden nach Amerika, und die Kernenergie schiebt uns über die sieben Meere. Ich bin auf Riesenschiffen gewesen, so groß wie vier Fußballplätze hintereinander, deren Kapitäne und Offiziere ein Segelschiff nur noch vom Hörensagen kannten und ganz andere Sorgen hatten. Oder meint ihr, es wäre keine Leistung, einen Mammuttanker von 250000 Tonnen und 35000 Pferdestärken, die einem unter den Füßen weglaufen, über die Ozeane zu bringen?

Wenn früher ein Windjammer mit sechzig Tagen eine „schnelle" Reise zur Westküste machte, so läuft heute ein modernes Containerschiff in der gleichen Zeit von Europa nach Ostasien und wieder zurück und bedient dabei noch ein gutes halbes Dutzend Häfen. Ein einziger Betriebstag kostet es DM 50000,—, und man rechnet mit jeder eingesparten halben Stunde. Alles Dinge, von denen sich ein Segelschiffskapitän nichts träumen ließ.

Und nun hört mal gut zu, Freunde. Wenn früher ein junger Seemann die Seefahrtschule besuchte, um weiterzukommen und ein nautisches Patent zu erwerben, so hatte er nach jahrelangem Praktikum sein Schulwissen vergessen, und das Lernen fiel ihm meistens recht sauer. Der lange Ausbildungsgang von damals läßt sich nicht auf Dampfer übertragen, es wäre vertrödelte Zeit. Heute ist es genau umgekehrt. Bei all den Dingen, die auf uns zukommen, wird Schulwissen ganz groß geschrieben.

Schon nach verhältnismäßig kurzem Praktikum, bei einem Abiturienten sind es bloß achtzehn Monate, geht der junge Mann bis zu sechs Semester zur Fachoberschule oder Hochschule und erwirbt sein Patent. Es gibt mehrere Bildungsgänge mit Zwischenstufen, nur ist der Schiffsjunge alter Art so gut wie tot. Der frischgebackene Patentinhaber wiederum ist noch lange kein Meister, dem man alles abverlangen darf. Er darf vorläufig lediglich als Wachoffizier seinen Dienst machen, hat aber nun genügend Jahre vor sich, um in seine neue Position hineinzuwachsen und es auch in der Praxis zur Meisterschaft zu bringen. Man lernt nie aus.

Viele Wege führen nach Rom, sagt ein Sprichwort. Die Ausbildung des nautischen Nachwuchses in der deutschen Seeschiffahrt hat seit Beginn der siebziger Jahre eine Richtung eingeschlagen, in der uns andere Schiffahrtsländer zum Teil Jahrzehnte voraus gewesen sind.

Mit der so nachdrücklich betonten Charakterschulung auf Segelschiffen ist es auch nicht so weit her. Der Mensch bekommt seinen Charakter von klein auf mit, und er bleibt der gleiche sein ganzes Leben hindurch. Es stimmt nur zum Teil, daß die Umwelt den Menschen prägt. Niemand kann sich selbst untreu werden und über seinen eigenen Schatten springen. Ein Ungeeigneter wird auch auf einem Segelschiff kein Seemann, und ein ganzer Kerl wird sich auch auf einem Dampfer zum ganzen Kerl entwickeln. Und was Wind und Wetter betrifft: Habt ihr eine Ahnung, Freunde, wie man auf einem Riesenschiff oder auf einem Container mit Wind und Wetter rechnet, wenn jede Betriebsstunde gut und gerne zweitausend D-Mark kostet ...

Die Seemannschaft von 1970 ist eine andere als von 1790, und wie es 1990 sein wird, weiß noch niemand. Wenn aber in allen Fällen jeder sich bemüht, so gewissenhaft und umsichtig zu handeln wie nur möglich, wenn man keine Verantwortung und Anstrengung scheut, dann ist der Seemann von heute auch ohne Segelschiffe denen früherer Zeiten ebenbürtig und gleich-

Der Schwergutfrachter „Sturmfels"

wertig. Ihr seid nicht schlechter als die anderen, meine jungen Freunde.

Der heutige Offiziersbewerber, wie man ihn amtlich nennt, macht seinen Weg über ein mit Maschinenkraft bewegtes, anerkanntes Ausbildungsschiff. Das bisher neueste und größte unter der Flagge der BRD ist die „Sturmfels", ein vollautomatisierter Schwergutfrachter der im Indiendienst beschäftigten Dampfschiffahrtsgesellschaft „Hansa". In dieser „schwimmenden Schule" für nautischen und technischen Nachwuchs werden 50 Offiziersbewerber der Handelsschiffahrt herangezogen. Sie wohnen in Zweibettkabinen, werden von Lehrern der Fachoberschule unterrichtet und von einem Arzt betreut. Die Methode ist den heutigen Verhältnissen angemessen.

Gewiß gibt es in der weiten Welt noch Segelschulschiffe, nur nicht mehr zum Nutzen und Frommen der Handelsschifffahrt. Sie dienen sportlichen und militärischen Zielen, machen etwas her und erfüllen so durchaus ihren Zweck. Das Segeln selbst lernt der einzelne besser auf einem kleineren Schiff, wenn nicht sogar auf einem Boot. Es gibt Marinen, die bilden auf seegehenden Yachten aus. Kleine Zweimast- und Dreimastyachtschoner, vielleicht mit noch ein, zwei Rahsegeln, sind ausgezeichnet geeignet und kosten auch nicht so viel. Man findet sie in den Marinen von Frankreich und Schweden und bei britischen Privatgesellschaften. Wie eindrucksvoll waren doch die Segelfischer unter Island, die portugiesischen Kabeljaufänger auf den Neufundlandbänken, oder denken wir an die fischenden Zweimastschoner von Gloucester, Massachusetts, USA. Freunde, die von Gloucester waren das Schnittigste, was es gibt, und so stabil, daß sie gar nicht umfallen konnten, selbst wenn sie schon platt auf dem Wasser lagen, wenn man sie hart „knüppelte". In ihnen hatte sich noch etwas von der amerikanischen Klipper-Schiffbaukunst in unsere Tage hinübergerettet. Ihr seht, hier und da werdet ihr noch Reste entdecken.

Nur die großen Tiefwassersegler, die Kap Hoorner, sind fort und kommen nicht wieder. Die Männer dagegen, die mit ihnen durch dick und dünn gegangen sind, leben zum Teil noch. Wer etwa 1939, eben vor dem Zweiten Weltkrieg, noch um die Hoorn segelte, wäre heute ein Mann um die Fünfzig. Zwar deckt die alten Kapitäne vom Schlage der Hilgendorf, Petersen, Nissen, und wie sie alle hießen, der grüne Rasen. Auch der „Seeteufel" Graf Luckner, der ein Sachse war und eine ganze Generation von jungen Menschen durch seine Abenteuer beeinflußte, lebt nicht mehr. Bootsmann Charlie Müller, in Baden geboren, mit 12 Jahren nach Hamburg ausgekniffen und wieder eingefangen und dann ein halbes Jahrhundert auf Windjammern gefahren, ist tot. Nichtsdestoweniger leben noch eine ganze Menge, die alles das, wovon man heute nur noch in Büchern liest, erlebt haben und davon erzählen können. Sie gehören fast alle einer internationalen Bruderschaft an, die einzigartig in der Welt dasteht. Es sind die Cap Horniers, von denen ihr hin und wieder in der Zeitung lest. Der vollständige Name lautet „Association Amicale Internationale des Capitaines au Long Cours Cap-Horniers".

Der erste französische Seemann, der Kap Hoorn umsegelte, war der Kapitän Alain Porée im Jahre 1704 mit seinem Schiff „St. Esprit" aus St. Malo. Im Jahre 1937 gründeten im gleichen St. Malo an der Küste der Bretagne ehemalige französische Windjammerkapitäne den Freundschaftsbund der „Cap Horniers", um die Tradition der großen Segelschiffe zu erhalten. Man hat diese Bruderschaft, die sich seitdem über zwölf Länder ausgedehnt hat, den „exklusivsten Klub der Welt" genannt. Das trifft nicht den Kern der Dinge. Präsident der Amicale ist immer ein Franzose, wie auch das altertümliche St. Malo immer der Hauptsitz bleiben wird.

Die eigentlichen Kapitäne von Segelschiffen sind heute meist hochbetagt und bilden eine kleine Minderheit. In der Rangordnung der Cap Horniers sind sie die „Albatrosse", nach dem majestätischen Meeresvogel der südlichen Breiten. Die überwältigende Mehrheit der heutigen Cap Horniers hat Cap Hoorn in jungen Jahren „vor dem Mast" umrundet. Nach einem kleineren Bruder des Albatros werden sie „Malamoks" genannt. Zwei Dinge aber haben beide gemeinsam: das Kapitänspatent für Große Fahrt und die Kap Hoorn-Erfahrung. Wer Cap Hornier werden möchte, hat die Umseglung nachzuweisen und aus den Reihen der Cap Horniers zwei Bürgen beizubringen. Die Aufnahme wird von St. Malo aus in französischer Sprache dokumentiert, das kleine Knopflochabzeichen ist in den Farben der Trikolore gehalten. Desgleichen auch ihre Flagge: auf blauem Grund ein roter Rettungsring, darüber ein weißer Albatroskopf, den Schnabel in einer Angel verhakt, auf dem Ring die Anfangsbuchstaben der Amicale. Geht einer der Mitglieder auf die letzte Reise, wird sein Sarg mit der Flagge bedeckt.

Die Amicale ist neben Frankreich und Deutschland noch in folgenden Ländern vertreten: England, Holland, Belgien, Spanien, Portugal, Dänemark, Schweden, Norwegen, Finnland und Italien. Sie umfaßt rund 2000 Mitglieder und veranstaltet jährlich in einem dieser Länder einen Kongreß. Die deutsche Sektion, unterteilt in Elbe und Weser, hatte am 1. Januar 1972 genau 656 Mitglieder, darunter zehn „Albatrosse". Ihr Präsident ist H. R. Wendt, der Kapitän des Flying P-Liners „Padua". Aber bestimmt wird in St. Malo. 1959 wurde dem dortigen „Le Grand Mât" Yves Mengy das Bundesverdienstkreuz 1. Klasse für seine Verdienste um die Völkerverständigung verliehen. St. Malo knüpft die Bande internationaler Freundschaft und gegenseitigen Vertrauens in der Welt der Seefahrer.

So, Freunde, und nun werde ich euch erzählen, wie das für uns ausgesehen hat. Es war im Jahre 1955, Deutschland hatte eine Welt erschüttert und einen Krieg haushoch verloren. Man konnte kaum Gräber deutscher Gefallener in Frankreich besuchen, es gab keinen deutsch-französischen Freundschaftsvertrag, und an einen Jugendaustausch war überhaupt noch nicht zu denken. Da kam aus St. Malo ein persönliches Schreiben mit dem überraschenden Vorschlag, jetzt doch eine deutsche Sektion der Cap Horniers zu gründen. Gleichzeitig lud man freundlich zum XI. Kongreß der Amicale in Le Havre und Rouen ein.

Das alles hatten die drei Oberen in St. Malo auf eigene Kappe gemacht, ohne die Mitglieder der Bruderschaft überhaupt zu verständigen. Die Deutschen, nicht gerade bange, fragten sich besorgt, wie das wohl ausgehen werde. Schließlich fand sich ein kleines Häuflein von vierzehn Mann, das mit dem Nordexpreß hinfuhr. Einer von ihnen, Kapitän Carsten

Rosenhagen aus Bremen, hat es uns erzählt. Schon in Paris, auf dem Bahnhof St. Lazare, wurden sie an ihrem Cap-Horniers-Abzeichen von einem alten Franzosen erkannt und umarmt. „Ah, ihr seid Cap Horniers?! Und Deutsche dazu, ja wo gibt's denn sowas?! Ah, meine deutschen Freunde!" Es stellte sich heraus, daß ihm, einem Kapitän, einmal deutsche Seeleute in einem Hafen der Westküste uneigennützig beigestanden hatten. Ein anderer, der als Fregattenkapitän in deutscher Gefangenschaft gewesen war, rief spontan: „Wie freue ich mich, hier Deutsche zu treffen! Ich war hinter Stacheldraht, meine Wohnung war den ganzen Krieg hindurch von der deutschen Wehrmacht beschlagnahmt und bewohnt. Aber als ich wieder nach Hause kam, fehlten weder ein Teelöffel noch ein Schnapsglas. Ja, die Deutschen! Wir waren ehrliche Feinde und wollen nun ehrliche Freunde sein."

Aber dann kommt man auf der Arbeitssitzung zur Sache und stellt die vertrauliche Frage, ob denn nun die Deutschen in die Amicale aufgenommen werden sollen. Und es entsteht ein Augenblick banger Stille. Keine Hand hebt sich — aber einen Atemzug später trommeln die Fäuste auf den Tischen einen donnernden Beifall, und als man der Ordnung halber die Frage in englisch wiederholt, versteht man vor Getöse kein Wort mehr. Beim Gedenkgottesdienst in der Kathedrale von Rouen wiederholt der Priester seine Predigt mit einer Verbeugung „pour les étrangers", für die Fremden, für die vierzehn Deutschen, die nicht wissen, wie ihnen geschieht.

Als dann beim traditionellen Freundschaftsmahl der Shanty-Vorsänger auf den Stuhl steigt und alle in den Refrain einfallen, ist die Begeisterung grenzenlos. „Der gleiche Zungenschlag, jeder in seiner Sprache, das gleiche Erlebnis als Kap-Hoorn-Fahrer, das ist es, was uns über alle Grenzen zusammenführt."

Das ist der Geist von St. Malo, sagt einer am Tisch und schließt seine deutschen Dankesworte mit dem Ruf: „Vive l'esprit de Saint-Malo!"

Seht, Freunde, und darum kann man nicht von einem Klub sprechen, wenn wir uns jedes Jahr mit unseren Brüdern aus anderen Nationen irgendwo treffen, um — wie es ein jeder von uns mündlich gelobt hat — „die bei Kap Hoorn in den schwersten Stürmen gezeigte Kameradschaft zu pflegen und den Bestrebungen der Amicale für eine wirkungsvolle Völkerverständigung unsere tatkräftige Unterstützung zu geben —, getreu den Gesetzen, die das Meer uns auferlegt und im Geiste von Saint-Malo".

REGISTER
DER PERSONEN UND SCHIFFSNAMEN

DIE TEILNEHMER AN DER OPERATION SAIL '72

An der Windjammer-Parade Lübeck—Kiel am 3. September 1972 haben folgende Segelschiffe (Schulsegler und Yachten) teilgenommen:

Vollschiffe:	*Flagge*	*Länge zwischen den Loten*
„Dar Pomorza"	Polen	73,00 m
„Danmark"	Dänemark	55,00 m
„Christian Radich"	Norwegen	53,00 m
Barken:		
„Gorch Fock"	BRD	70,20 m
„Eagle"	USA	70,20 m
„Gloria"	Kolumbien	64,60 m
Dreimast-Toppsegelschoner:		*Rumpflänge*
„Sir Winston Churchill"	Gr. Britannien	41,10 m
„Malcolm Miller"	Gr. Britannien	41,10 m
Zweimast-Schoner:		
„Te Vega"	Panama	40,80 m
„Falken"	Schweden	34,30 m
„Gladan"	Schweden	34,30 m
Dreimast-Schoner:		
„Zawisza Czarny"	Polen	36,00 m
Zweimast-Toppsegelschoner:		
„La Belle Poule"	Frankreich	30,30 m
„L'Etoile"	Frankreich	30,30 m

Verschiedene Schoner:

„Vagrant“	Panama	33,50 m
„Gratia of Gothenburg“	Schweden	28,20 m
„Hoshi“	Gr. Britannien	21,90 m
„Meriliisa“	Finnland	17,00 m
„La Goleta“	Gr. Britannien	16,60 m

Brigg:

„Royalist“	Gr. Britannien	23,30 m

Brigantinen:

„Black Pearl“	USA	16,60 m
„Falado von Rhodos“	BRD	15,00 m
„Duenna“	BRD	14,60 m
„Joanna of Foulness“	Gr. Britannien	13,10 m

(Bermuda-) Ketsch und Yawl:

„Seute Deern“	BRD	30,00 m
„Astral“	Holl. Westindien	30,00 m
„Zenobe Gramme“	Belgien	28,20 m
„Westward Ho“	Färöer	25,90 m
„Rona“	Gr. Britannien	23,60 m
„Gratitude of Gothenburg“	Schweden	23,00 m
„Stella Polare“	Italien	21,50 m
„Urania“	Niederlande	19,00 m
„Peter von Danzig“	BRD	18,00 m
„Marabu“	Gr. Britannien	17,50 m
„Grietje“	Niederlande	17,10 m
„Hamburg VII“	BRD	16,60 m
„Norseman“	Niederlande	15,90 m
„Asgard“	Irland	15,50 m
„Jacomina“	Niederlande	14,90 m
„Larvik“	Gr. Britannien	14,20 m
„Sansibar II“	BRD	12,70 m
„Merisissi“	Finnland	12,10 m

(Bermuda-) Kutter und Sloop:

„De Bonkel"	Niederlande	24,30 m
„Strongbow"	Gr. Britannien	19,80 m
„MD 3"	Niederlande	17,30 m
„Merlin"	Gr. Britannien	16,80 m
„Asta"	BRD	16,30 m
„Acteon"	Gr. Britannien	16,10 m
„Capella"	Gr. Britannien	15,40 m
„Regina IV"	BRD	14,80 m
„Zulu"	Gr. Britannien	14,50 m
„Glennan"	Frankreich	13,40 m
„Dark Horse"	Gr. Britannien	13,30 m
„St. Barbara III"	Gr. Britannien	13,30 m
„Swantewid"	Polen	13,20 m
„Galahad"	Gr. Britannien	13,10 m
„Gawaine"	Gr. Britannien	13,10 m
„Gryphis"	Gr. Britannien	13,10 m
„Leopard"	Gr. Britannien	13,10 m
„Martlet"	Gr. Britannien	13,10 m
„Pegasus"	Gr. Britannien	13,10 m
„St. Barbara II"	Gr. Britannien	12,60 m
„St. Anne VII"	Frankreich	11,30 m
„Pirat"	Polen	7,30 m

Bis auf ganz wenige haben alle einen Hilfsmotor

BENUTZTE LITERATUR

Brustat-Naval, Fritz: „Abschied vom Winde". Mainz 1955 (i. Ms.)

OKM M. Dv. Nr. 135: „Die Handelsflotten der Welt 1942"

OKM M. Dv. Nr. 135/I: „Suchliste für Schiffsnamen 1942"

Wheeler, Harold: „The wonderful Story of the Sea". London 1939

Ferner wurden briefliche Auskünfte der Reederei Gustav Erikson, Mariehamn, verarbeitet, amtliche Schiffsregister herangezogen und zahlreiche Meldungen der in- und ausländischen Fachpresse ausgewertet. Im Falle „Pamir" wurden drei führende deutsche Tageszeitungen miteinander verglichen. Spezielle Daten und Fakten fanden sich in „Der Albatros", dem Mitteilungsblatt der deutschen Cap Horniers.

BILDNACHWEIS

Altonaer Museum in Hamburg: S. 52/53, 66

Archiv Gerstenberg: S. 32, 33, 35, 38, 41, 44/45, 49, 63

Bavaria, Gauting: S. 160

Rainer von Barsewisch, Hamburg: S. 215

Bildarchiv Schuster: Titelfoto, S. 200, 224

Deutsche Presse Agentur: S. 16

Metro Goldwyn Mayer: Der Nachbau des historischen Dreimasters H. M. S. „Bounty" für den Abenteuerfilm „Meuterei auf der Bounty", S. 55

Sammlung Dr. Jürgen Meyer: S. 22, 64 (2), 75, 80 (2), 88, 90, 93, 96 (2), 98, 101, 106, 107, 110, 111, 113, 117, 119, 123, 128, 129, 132, 133, 135, 136, 139, 141, 142, 149, 159, 163, 164, 165, 167, 169, 171 174, 177, 183, 187, 191, 194, 195, 201, 208, 211

Olympia-Pressebüro, Kiel: S. 15, 153

Autor: S. 17, 19, 25, 58/59, 71, 80, 85, 143, 145, 155, 157, 180, 235, 239

Mit vollen Segeln auf der bunten Welle

144 S., 24 Bilder, davon 14 bunt

6,80 DM

144 S., 25 Bilder, davon 14 bunt

6,80 DM

160 S., 47 Bilder, davon 24 bunt

96 Seiten, 55 Bilder, davon 28 bunt

4,95 DM

100 S., 44 Bilder, davon 21 bunt

8,80 DM

192 S., 99 Bilder, davon 57 bunt

80 Seiten, 25 Bilder, davon 12 bunt

4,95 DM

84 Seiten, 25 Bilder, davon 12 bunt

4,95 DM

80 Seiten, 27 Bilder, davon 11 bunt

Alle bunten Fischer-Bücher sind echte Sonderleistungen